DESSERT: A TALE OF HAPPY ENDINGS

來一匙甜點史

食譜古籍觀察，用歷史佐甜點享受，
揭開甜點蘊藏的百年歷史趣聞與時代意義

潔莉・昆席歐 —— 著
黃亭蓉 —— 譯

來一匙世界甜點史

食譜古籍觀察 佐 風味料理演變，揭開甜點蘊藏的百年歷史趣聞與時代意義

Dessert: A Tale of Happy Endings

作者	潔莉‧昆席歐（Jeri Quinzio）
譯者	黃亭蓉
責任編輯	王奕
美術設計	郭家振
行銷企劃	張嘉庭

發行人	何飛鵬
事業群總經理	李淑霞
社長	饒素芬
圖書主編	葉承享

出版	城邦文化事業股份有限公司 麥浩斯出版
E-mail	cs@myhomelife.com.tw
地址	115 台北市南港區昆陽街 16 號 7 樓
電話	02-2500-7578

發行	英屬蓋曼群島商家庭傳媒股份有限公司城邦分公司
地址	115 台北市南港區昆陽街 16 號 5 樓
讀者服務專線	0800-020-299（09:30 ～ 12:00；13:30 ～ 17:00）
讀者服務傳真	02-2517-0999
讀者服務信箱	Email: csc@cite.com.tw
劃撥帳號	1983-3516
劃撥戶名	英屬蓋曼群島商家庭傳媒股份有限公司城邦分公司

香港發行	城邦（香港）出版集團有限公司
地址	香港九龍九龍城土瓜灣道 86 號順聯工業大廈 6 樓 A 室
電話	852-2508-6231
傳真	852-2578-9337

馬新發行	城邦（馬新）出版集團 Cite（M）Sdn. Bhd.
地址	41, Jalan Radin Anum, Bandar Baru Sri Petaling, 57000 Kuala Lumpur, Malaysia.
電話	603-90578822
傳真	603-90576622

總經銷	聯合發行股份有限公司
電話	02-29178022
傳真	02-29156275

製版印刷	凱林彩印股份有限公司
定價	新台幣 540 元／港幣 180 元

2024 年 5 月初版一刷
ISBN 978-626-7401-45-3 Printed In Taiwan
版權所有‧翻印必究（缺頁或破損請寄回更換）

國家圖書館出版品預行編目（CIP）資料

來一匙世界甜點史：食譜古籍觀察佐風味料理演變，
揭開甜點蘊藏的百年歷史趣聞與時代意義/潔莉.昆席歐
(Jeri Quinzio)作；黃亭蓉譯. -- 初版. -- 臺北市：城邦文
化事業股份有限公司麥浩斯出版：英屬蓋曼群島商家庭
傳媒股份有限公司城邦分公司發行, 2024.05
　　面；　公分
譯自：Dessert: A Tale of Happy Endings
ISBN 978-626-7401-45-3(平裝)

1.CST: 飲食風俗 2.CST: 世界史

538.7　　　　　　　　　　　　　　113003259

獻給芭芭拉・凱誠・惠頓（Barbara Ketcham Wheaton）
以及已故的派特・凱利（Pat Kelly），
感念他們的智慧、慷慨以及最重要的——友誼。

目錄

輝煌的當代糕點精選

序言：

甜點帶來的美妙享受

無論是在夏日的紗窗門廊內享用家常草莓奶油蛋糕，還是在高雅的餐廳裡品嚐主廚精選的雅緻糕點，最後登場的甜點，一直是晚餐的完美句點；它好比一首精彩演出的安可曲，帶我們飄向喜悅幻境。在成長過程中，甜點一向是我最愛的一道菜，直到今天仍是如此。我常吃的甜點簡單至一勺咖啡冰淇淋，奢華至奶油檸檬塔，不需太精巧複雜，唯無甜點不歡。缺了甜點，我的晚餐就不圓滿，人生也少了那麼一口甜美。

我擁有許多和甜點有關的美味回憶，還記得小時候，有一年夏天我嚐到父母親友人所製作的冰淇淋中，那股濃烈的新鮮蜜桃味。我也記得，有一年聖誕節，我製作的果乾布丁在點燃剎那所冒出的藍色火焰，以及在昏暗的屋裡散發出的耀眼光芒 *。我甚至記得有次在巴黎，我用湯匙切開一份完美的烤布蕾表面時，發出的鮮脆聲響，以及依附在脆糖皮之下的濃郁乳脂。當我憶起這些甜點，臉上便揚起微笑，彷彿再一次品嚐到它們的美味。

我明白攝取太多糖分會導致如肥胖、糖尿病等健康問題，我們最好稍加忌口。但是，人們所攝取的糖分，其實往往藏匿於市售的鹹食商品。我們可以少吃一點這類食物，並把糖分省起來，用來享受甜

---

* 譯註：英國傳統的聖誕布丁，完成後會倒上烈酒並點燃，創造出短暫的燃燒效果。

點所帶來的樂趣與美好回憶，我相信一點點的耽溺享受是有益心靈的，這也是促使我寫下本書的原因。

在撰寫本書的同時，我時不時便詢問親朋好友，請他們分享個人的甜點回憶，並詢問他們：「你最愛的一道甜點是什麼？」我想大家的答案應該會很有趣，也好奇大家的選擇相似度會有多高，不過，親友們卻非常認真看待這道問題，且深思熟慮地回答，使我大感驚訝。他們的反應就好像我問了諸如「你最愛子女中的哪一個？」這樣的經典難題，有些人甚至愁容滿面地反問我，可不可以回答不只一道。即便我已經告訴他們答案只能有一個了，因為「最愛」指的就是最愛的一道甜點，而非許多道，但他們往往會先告訴我首選，接著就好像深怕傷了其他甜點的心，多列出一兩道。

雖然這並非認真的統計數據，我確實納入了來自不同族群與國家、不同年齡層人們的意見，大家的答覆不止經過充分考量，還有些令人驚訝，比我預料更少的人選擇了巧克力甜點。巧克力杯子蛋糕、布朗尼上哪去了呢？大部分人的最愛多屬鬆軟且奶香濃郁、也是最古老的甜點範疇之一。撫慰人心、媽媽的手作牛奶點心類型：例如烤布蕾、卡士達派、提拉米蘇以及各種口味的冰淇淋，在人氣上取得領先。許多人選擇了奶味濃郁且含有蛋白霜的甜點，從檸檬蛋白派（lemon meringue pie）、帕芙洛娃（pavlova）到法式漂浮之島（floating island），都榜上有名。蘋果派去哪了？舒芙蕾怎麼沒人選？只有兩個人選了新鮮水果，而我最愛的甜點則是冰淇淋，至於最愛的口味，則要依心情、天氣、季節和周遭環境而定。

大部分的人都有一道最愛的甜點，即便是那些鮮少縱慾的人們也是如此。到頭來，甜味仍是最基本的風味之一，而我們似乎天生註定

要喜歡它。然而，即使大家都嚐得出甜味，並不是每個文化都享受正餐尾聲來道甜點的習慣，也並非每個人都喜愛大部分西方世界所認定的甜點。撇開現代飲食習慣的快速全球化不談，許多國家傳統的餐點結尾都是水果，不論新鮮、乾燥或糖煮皆有。在中世紀，新鮮水果被認為是不健康的，歐洲人大多食用果乾，例如椰棗乾、葡萄乾，或是經蜂蜜或糖漿烹調過的水果。希臘的小匙甜點*代表的正是當時的傳統吃法，今日仍舊是當地特產，不過通常會與咖啡或冷水一起端上，供賓客在午後享用，而非作為晚餐後的甜點料理。

在正餐期間端上甜點作為零食，或是當作特殊場合的節慶料理，而非作為餐後點心使用的傳統其實相當普遍。依照中國文化，通常在日常正餐後，會以新鮮水果作為結尾，甜點則是留待正式的晚餐後，或是特殊場合才享用。在日本，甜食則與茶一起端上，但鮮少作為正餐的尾聲。而在西方，傳統上義大利人會使用新鮮水果和堅果作為正餐的收尾，並在下午三四點左右品嚐甜點，或作為節慶的特別料理享用。澳洲人則會在下午前往糕點店，購買所謂的「Indianerkrapfen」或是「Indianers」，享用這道內有奶油餡料、外有巧克力糖衣的蛋糕，而非等到晚餐後才食用。

即便是那些鮮少在日常晚餐後享用甜點的文化與國度，也總有一道最愛的節慶甜點。從墨西哥喜慶歡騰的復活節麵包布丁（capirotada）到中國的中秋節月餅，佳節甜點是慶典不可或缺的元素。許多我們熟知且深愛的甜點：優雅的海綿蛋糕、豪華的冰淇淋、奶油泡芙，其實沒有表面上看來歷史悠久，也不像今天那麼普遍常見。

---

* 譯註：spoon sweets，盛裝在湯匙中的醃製水果甜點。

在《來一匙世界甜點史》中，我追溯了甜點的歷史、正餐末尾端上的甜菜餚，以及它們隨著時間演變的過程，我會從甜點還是一道獨立的料理時開始講述——當時，甜食和鹹食還混雜地並呈在餐桌上——並以今日觀察做總結。如今，家常甜點又再次流行，在此同時，分子料理家也能製作出令鍊金術師羨慕不已的甜點。

從歷史角度而言，獨立端上一道甜點，並非什麼古老習慣。儘管「甜點」這個名詞的使用，最早見於十四世紀的法國，那時甜點很有可能也包含了鹹食，而非只有甜食。英語則要到稍後，才跟進使用這個名詞。《牛津英語詞典》第一次引用這個名詞，要一直等到 1600 年，威廉・沃安爵士（Sir William Vaughan）在《自然與人為健康指南》（*Naturall and Artificiall Directions for Health*）寫道：「這種法國佬稱之為『甜點』的飲食方式，是不自然的。」而《牛津英語詞典》則將甜點定義為「由水果、蜜餞等構成的一道菜，於晚餐或宵夜後端上」。

甜點（dessert）的詞源來自法語「*desservir*」一詞，意指移除已經端上的，換句話說，就是清空桌面的意思。然而，在十七世紀前，端上甜料理時，並不會將桌面清空。食物並非一道菜一道菜地上，而是一口氣將成打的料理端上桌，就像今日的自助餐一樣。根據當時食譜描繪的餐飲計畫，桌上的菜餚會對稱擺放，類似的餐點會出現在桌子對稱的四端。餐桌中央則擺放一道最為別緻的料理作為主角，可以是沙朗牛排，也可以是甜食金字塔，種類不等，儘管每道料理一絲不苟地擺放在各個位置，甜食鹹食卻是混雜的，不過這是以今日的標準來看，當時的飲食文化自有背後的邏輯。櫻桃塔可能直接擺在鴿子派的旁邊；鮭魚拼盤與一碗卡士達並肩齊坐；奶油蘿蔔與精選杏仁膏比鄰而依，甜點食譜也在食譜書中四散列出，而非整理於一篇獨立的章節中。

卡爾杜休司·P·林姆（Carducius P. Ream）1861 年的美味畫作，簡潔的作品名：《第 4 號甜點》（*Dessert No. 4*）。

在中世紀法國的特殊場合中，若在餐桌清空後，端上最後一道料理，通常稱作「issue de table」，意卽餐桌的結尾。以名爲「*hypocras*」的香料甜酒作爲餐前酒品飲，同時搭配「*oublies*」*或威化餅享用，最終則可能會提供外層帶有硬殼的小糖果「*dragées*」或康菲蜜餞（comfit）。康菲蜜餞是裹上糖衣的種子或堅果，除了獨立作爲一道點心端上以外，往往也會撒在鹹味或甜味料理上作爲裝飾，它們也被當作口氣淸新劑，以及睡前零食使用。在《溫莎的風流婦人》（*Merry Wives of Windsor*）一劇中，莎士比亞讓好色的法斯塔夫對天召喚「降下小康菲糖吧」（hail kissing-comfits）。

在文藝復興時期的盛宴中，食物的外觀與娛樂價值，與它們嚐起來是否美味同等重要。事實上，有些令人嘆爲觀止的料理，甚至不是拿來吃的。廚師使用糖膏雕塑聳立的城堡，並擺放在餐桌中央作爲裝飾品或是焦點，他們在堅固且直立的派中裝滿烏鶇，在切開派的同時，鳥兒便振翅飛出，驚艷全席。廚師也使用杏仁膏形塑出外型寫實的水果和動物。當李奧納多·達文西創作的杏仁膏雕像在盧多維科·斯福爾札公爵的宮廷中遭到大快朵頤時，達文西因此提出怨言，他創作此作品的原意是作爲觀賞用，而非供人食用。

今日某些糕點主廚製作出格局高聳的甜點，便源自於同樣的傳統，它們令人大飽眼福，入口時卻有些挑戰性，使用叉子下手時，就好像拿起槌子破壞藝術品一樣。這些糕點師傅如同前人注重壯觀的排場，勝過進食本身。儘管火焰甜點確實是爲食而生，也不如展翅高飛的烏鶇畫面驚人，本意卻仍是要將賓客唬得一愣一愣。

---

* 譯註：一種僅以穀物麵粉及水製成，類似威化餅的中世紀食物。

在十八世紀以前，糖和香料高昂的價格使得它們成爲地位的象徵，因此，負擔得起的權貴便樂於以此炫富。許多鹹味料理以糖入菜，或是直接灑在上頭，某些英格蘭廚子會使用糖和蜜餞來調味沈重的肉派，文藝復興時期的義大利人則是將拌了糖、柳橙、肉桂和杏仁的鳥巢麵（tagliatelle），搭配家禽和其他肉類一起大快朵頤，這些古老的甜鹹料理組合一路流傳至今。一道叫做「shirin polo」的伊朗節慶米飯料理，內有豐富的蜜餞橙皮、開心果、杏仁和肉桂，這些原料看似非常適合米布丁，不過，這卻是道爲了特殊場合而製的香料飯（Pilaf），且是作爲正餐的一部分使用，而非一道甜點。

而我們稱作「法式奶凍」的甜點布丁，曾是一道與正餐一起食用的鹹料理，而不是餐後使用，它由鮮奶油和切絲的閹雞、雞肉或是魚肉組成，搭配磨碎的鹿角漆調味，或加入米飯使質地變濃厚，並以杏仁帶出甜味，義大利人將它稱作「biancomangiare」，類似今日的義式白奶凍，這道料理在大部分的國家中，不會添加雞肉或鹿角漆，單純作爲甜味的點心布丁。在土耳其，它稱作「tavuk göğsü」，意卽雞胸肉布丁，卽使變成了一道甜點，仍保留食材中的雞肉絲。

在美國，當孩子聽到感恩節或聖誕節派中的百果絞肉（mincemeat），曾經使用眞正的牛絞肉（或是鹿肉），搭配葡萄乾、蘋果、香料和白蘭地製成時，通常會大吃一驚。更讓他們吃驚的是，在某些地方，人們仍會在家中自製百果絞肉，而非從超市購買，而「肉類」也是其中的一項食材呢。

然而，大部分的鹹味料理最終不再混雜甜味食材，甜與鹹就此分道揚鑣，而甜點——不論是這個詞彙，還是料理本身——則普遍爲歐洲所接受。巧克力等來自「新世界」*的食材，自此進入市場；烤箱

及精準測量器具的出現，從此改變了烘焙；糖價降低，則是因為奴隸制對於勞動力的剝削。人們四處旅行，習得新料理，並將知識帶回故鄉，其他人們則移居他地，將最愛的家鄉食譜帶往新家園。

許多變化促成了各式甜料理的誕生與擴散，因應而生的專業廚房也將廚師與甜點師傅做出區別。法國人將烹飪工作分散於主廚房、烹調廚房，其中的冷盤廚房又稱辦公室（office），這裡也是糕點、蛋糕、卡士達醬和冰淇淋的製作地點。甜料理不再與鹹食並列於餐桌上，而是自己作為一道料理出餐，並由獨立的主廚製作，使用個別的餐具與菜單。至此，真正的甜點終於崛起了！

1708 年，就在威廉‧沃安爵士稱甜點「不自然」的一個世紀多後，《烹飪的藝術：仿賀拉斯詩藝之詩》（*The Art of Cookery: A Poem in Imitation of Horace's Art of Poetry*）作者威廉‧金受啟發寫下：「甜點的降臨使普天宴席增光。」1846 年，歐仁‧布利佛也在《巴黎餐桌》（*Paris à table*）一書中作出相似的描述：

> 甜點是晚餐的王者。要創造出一道優異的甜點，必須集甜點師傅、裝飾家、畫家、建築師、冰淇淋師傅、雕刻家、花藝家等技能於一身。如此誕生的作品之輝煌，最能吸引人的目光──饕客遠觀而不可褻玩焉！

我贊同布利佛對於甜點是晚餐王者一說。然而，我堅信甜點應該還是要被吃進肚子享受才對。

---

* 譯註：New World，十五世紀歐洲人發現美洲及其鄰近群島等的泛稱。

以「宴會小物件」（little banquet pieces）畫風繪製的 18 世紀荷蘭靜物畫。

第 一 章

人類古老的飲食習慣

（想）像一下，你在一場隆冬的節慶晚宴作客。大家剛享用完主菜，餐桌尚待整理，這時女主人提議，大夥兒移至客廳享用餐後點心，在這個寒冷又白雪紛飛的夜晚，她準備了一道特別的小點心──香料熱紅酒，香薰芬芳，佐辛辣的肉桂、丁香和柳橙皮碎，咖啡桌上擺放著一碗琥珀核桃，搭配鮮脆、鬆餅型狀的義大利脆餅拼盤（pizzelle）。這道點心的亮點便是撒了石榴籽的水煮西洋梨。對一個冬日傍晚來說，這是最完美的收尾，如同中世紀時一樣。

當時，在移動到另一個房間後，一夥人享用的食物和飲品幾乎和今天一樣。他們飲用的酒稱作甜酒（hippocras），其中使用了許多也出現在今日熱紅酒中的溫暖香料，外加一些我們較不熟悉的調味料，例如南薑（galangal）或是天堂籽（grains of paradise），餐桌上裏有糖衣的堅果、種子或香料又稱作康菲糖。我們今日所知的義大利脆餅或是奶油威化餅，當時稱作「cialde」、「oublies」、「wafels」或「gaufres」，且十分普遍。中世紀時，水煮西洋梨等其他水煮或乾燥水果，則往往如今日作爲正餐的最後一道餐點端上。

現代節慶晚餐與中世紀上流社會晚餐結尾最大的不同點，便在於我們有甜點的觀念。一道甜料理和飲品，與先前晚餐端上的鹹食有所分別，這個概念在中世紀並不存在。中世紀時，這些食物之所以端上桌，並不是因爲它們是甜食，而是因爲被認爲有助於消化，有些

還被認爲帶有催情特性，成爲極佳的睡前零嘴。我們享用這些食物的原因已經隨著時代有所改變，但你可能會訝異地發現，飲品和料理本身居然並無多大變化。

在中古時期的歐洲各地，有錢人的飲食風格相似，習慣品嚐類似的食物，雖然他們沒有甜點，卻不代表沒有甜味料理的存在。然而，甜料理卻在餐期中與鹹料理不分先後同時端上，正餐享用完畢後，甜料理又以收尾的角色出場，將甜鹹料理分開的觀念，在當時根本是前所未聞。貴族家中的晚餐由一系列的菜餚（courses）或是單份的餐點（servings）組成，它們又各由好幾道不同的料理所組成，一次同時端上桌，與極奢華的自助餐有些相似。烤鹿肉、兔肉和閹雞，可能跟杏仁奶油霜、天鵝泡芙、燉牛肉或是法式濃湯和肉派一同擺放在桌上。待這些料理清空後，則會端上另一道相似的單份料理，根據家庭的大小和場合，有可能會端上兩、三道以上的單份料理。最終則以威化餅、水果或是康菲糖等甜食作爲晚餐結尾，但這並非要將甜料理與先前的正餐區別開來，而是因爲上流社會主要的飲食衡量因素還是醫學理論。

家務管理

我們之所以對當時人們用餐的方式所知甚詳，這都要特別感謝《巴黎家政之書》（*Le Ménagier de Paris*）。該書撰寫於十四世紀晚期，是一本巴黎資產階級「*ménage*」專書，也可說是一本關於家務的指南書。1928 年由歷史學家艾琳・鮑爾（Eileen Power）首次譯爲英語，並將書名改爲《巴黎主人》（The Goodman of Paris）。關於此書作者身份，有許多不同的推測，但不論他是何人，總之，他爲我們留下了一本充滿當代資訊的手冊。書中附有菜單、食譜、日用品清單，以及品項的價格，還有關於該購買什麼，以及家中常備物品的筆記。

這名作者在成婚時，早已步入中年，對象則是一名社會地位相當高的十五歲少女。他撰寫該書的初衷，便是要幫助年輕的妻子學習如何掌管家務、購買日用品、監督僕人，並且管理大部分的事務。然而，他解釋道，該書的目的並非只是希望少婦學會如何成功掌管家務。他還有另一項不太尋常的動機。他預見自己會比年輕的妻子還早去世，而她必定會再婚，他想要確保，她的家管技能在第二任丈夫眼中，能正面地反應他的名聲。在這個過程中，《巴黎家政之書》的作者為我們開了一扇窗，一窺富裕中世紀家庭的小宇宙。他在介紹菜單時寫道：

接下來是崇高貴族與其他人士的各式晚餐、宵夜及筆記，你可以據此選擇、收集並學習你所喜歡的任何料理，在必須準備餐點時，根據季節和你居住地區的常見肉類，選擇想要的料理食譜[01]。

作者列出許多菜單，通常會加註：根據當時複雜的宗教規章，該菜單適合吃魚日還是吃肉日。大部分的菜單由至少三道系列菜餚或是三次上菜的形式組成，每次上菜會包含至少六道料理。

然而，在這樣的晚餐場合，並不是每個人都會嚐到每道菜餚。賓客們得以從種類繁多的餐點中，選擇最吸引、最符合個人需求，或是離他們最近的料理，這麼一來，緊跟著他們的僕從便會確保為主人端上這些料理。晚餐剩下的肉，則會被製作成派或碎肉餅。僕役可食用送回廚房、遺留在盤中的剩菜，最後的殘羹則會分發給窮人。

從《巴黎家政之書》中的許多菜單來看，當時習慣將甜鹹料理同時安排上桌。糖布丁、甜蛋撻、肉凍，以及由雞肉或閹雞製成，再以彩色康菲糖裝飾的法式奶凍，則會一起共享第二次出餐的桌面擺盤，

同時搭配淡水魚或是「所能取得之最頂級烤肉」。鹹肉、魚和其他的料理上，常常撒有甜香料、康菲糖和糖。《巴黎家政之書》為一道雞肉料理作出下列總結：「在你欲將此料理端上桌時，灑上紅香菜，並在每個碗的邊緣擺上石榴籽佐康菲糖和乾燥杏仁。」

一份大齋期（Lenten）魚晚餐的菜單，將由烤蘋果和月桂葉炒普羅旺斯無花果揭開序幕，並搭配鹽味鰻魚和白鯡魚。大部分的菜單，會使用號碼來標註每道菜，但也會使用「甜點」、「上菜」（issue）和「*boute-hors*」*等辭彙。最終端上的菜被稱作「甜點」，其中包含以紅白色康菲糖裝飾的糖煮水果、卡士達布丁（焦糖布丁）、石榴、椰棗、葡萄乾、榛果和油炸餡餅。典型的油炸餡餅是由肉類製成的可樂餅，但在大齋期的魚日，人們則使用栗子來製作 [02]。

在《巴黎家政之書》中所描述的飲食風格，與英格蘭的飲食風格相似。在美國學者康斯坦絲‧B‧海雅特（Constance B. Hieatt）與雪倫‧巴特勒（Sharon Butler）1985 年出版的《英格蘭烹飪文化：十四世紀的英格蘭烹飪手稿（內附烹飪方法）》（*Curye on Inglysch: English Culinary Manuscripts of the Fourteenth Century (Including The Forme of Cury)*）中，她們搜集超過二十份中世紀的英格蘭手稿，並為其作出註解。〔書名中的「*curye*」一字，與印度綜合香料並無任何關係，而是「烹飪」（cooking）或「烹飪法」（cookery）的一種古英語拼法。〕作者們指出，儘管這些手稿包含了許多沒有出現在法語典籍中的料理，相似處卻遠多於相異處。海雅特和巴特勒所描述的食物和上菜服務的順序，與《巴黎家政之書》中描述的幾乎一致。

---

* 譯註：中世紀正餐的最後一道料理，人們通常會在另一個房間享用。

當時，餐點所遵循的烹飪邏輯和當代醫學哲理，其實不如表面上看來那麼無厘頭。這道系統根據古代亞里斯多德、希波克拉底、阿維森納和蓋倫的學說所建立，稱作體液系統（humoral system）。根據此理論，人類擁有含量各異的四種體液或是液體——黑膽汁、黃或紅膽汁、血液和黏液。四種體液在人體中的組合比重會突顯出膽汁質（choleric）、黏液質（phlegmatic）、抑鬱質（melancholy）和多血質（sanguine）四種不同氣質類別。各種特質各具特性，唯有平衡才能達到理想中溫暖、濕潤的體質。食物的選擇則根據它們的體液平衡功效而定。舉例來說，一名膽汁質的人體質可能又熱又乾，因此需要攝取有冷卻和濕潤效果的食物，例如萵苣。糖則是被分類為溫暖又乾燥的食物，因此用來調節寒冷而濕潤的個人體質或食物，例如將糖拌入一道醬料，或是與其他溫熱的香料混合，並灑在如鹹濃湯這樣的料理上使用。當時認為若體液失衡，可能會導致疾病。

人們的飲食習慣也受到季節影響，例如甜酒被視為冷天的飲品，夏季便不會飲用。現今仍然認為薑、胡椒和肉桂屬於溫熱的香料，不論是否有意，我們更常在冬季享用。此外，具飽足感的食物會優先端上桌，而較精緻的食物則稍晚才端上，這也是小型野禽、煎餅和使用魚或肉類製成的塔，之所以會與輕盈的甜料理一同端上的原因之一。

除了健康與消化方面的考量之外，中世紀的東道主也必須考慮賓客的社會地位。地位較高的人士，理應享用最上等且份量最大的食物，地位較低的人士則得到份量小、較次等的食物，而勞工被認為擁有消化大量粗食的能力，溫文儒雅的貴族則有權享用菜譜更雅緻的食物。宗教曆法的影響力也展現在食物的選擇，當時在星期五和星期六、有時的星期三、各類聖日和大齋期期間，禁止食用肉類，這也

以「宴會小物件」（little banquet pieces）畫風繪製的 18 世紀荷蘭靜物畫《貝里公爵的豪華時禱書》Les Très riches heures du Duc de Berry。

使得魚肉的使用相當頻繁。這個體系並不簡單，依據人性來判斷，當時應該很少人能忠實地遵循所有的規則。

滿滿一匙糖

中世紀期間，人們會使用蜂蜜來爲飲品添加甜味，以及保存水果。但蜂蜜自身帶有獨特風味，雖能提升料理整體口味，也可能因此搶過其他美味。糖，特別是精製白砂糖，除了純粹的甜味之外，本身並不具其他風味。這也讓它的用途變得十分廣泛，價格因而較蜂蜜來得高，使這項產品更具吸引力。糖從原產地出發，必須行經漫長迂迴的路程，才能抵達中世紀歐洲的餐桌。甘蔗的收成，以及將其精煉爲糖的技術，先從印度傳至波斯、中東地區、北非以及地中海地區，其後才會來到歐洲北部。貿易途徑、征戰、十字軍東征，以及烹飪和醫藥的紀錄，都協助傳播了這項甜香料的使用。在新世界殖民拓展，以及廣立糖廠之前，糖仍然罕見又昂貴，即便是歐洲社會最頂層的成員，也只擁有極少量的糖，平時是深鎖在香料櫃中的香料和藥品，使用審慎，但只要一逮到機會，便被用來鋪張炫富。

早在歐洲人取得糖之前，中東廚師便已使用它來爲雪酪（sherbets）添加甜味，也用於製作果醬和果凍。他們將糖和杏仁混合在一起，創造出杏仁膏；將蛋糕浸泡在注入玫瑰和橙花芳香的甜味糖漿中，以及製作藥用的加糖香料。穆斯林征服伊比利半島和西西里島時，也一併引進了糖和東方甜食，最終這些品項的傳播遠遠超出這些地區。隨著時間推進，伊斯蘭世界的甜食逐漸被引入西班牙、葡萄牙和義大利的修道院，隨後與傳教士和探險家旅行至世界各地。

隨著歐洲人向中東習得烹飪技術，貿易變得更加頻繁，糖也更普遍

應用在歐洲料理中，起先卻是作爲藥品使用。阿拉伯語的醫療文獻被翻譯傳播至全歐洲。因爲是透過阿拉伯語系國家傳入的，糖又稱作「阿拉伯鹽」（Arab salt），它被認爲有利改善腸胃疾病，也被作爲改善發燒、咳嗽、膀胱或腎臟等問題，甚至是瘟疫的藥方使用，因爲具實用性嚐起來又美味而深得人心。十三世紀時，義大利教士湯瑪斯・阿奎那（Thomas Aquinas）主張，加糖的香料並不算是破除齋戒，因爲食用它們並不是爲了營養，根據英國食物史家瑞秋・勞丹的理論，這是爲了「舒緩消化」[03]。這項宣言十分重要，因爲它在基督宗教世界賦予了糖醫療聲譽，並爲十六世紀葛利果十三世爭議滿滿的統治開道，於是飲用巧克力，並不算破除宗教齋戒。

糖被視爲如此重要的必需品，數個世紀下來，甚至流傳著一句格言，將絕望的處境形容爲「沒有糖的藥劑師」（like an apothecary without sugar）。當然，對富人來說，糖和香料才是必需品，一般人並沒有多餘的錢可以購買糖，或在烹飪中使用到它。儘管有時人們能找到較不昂貴的替代品，多數時候普通人還是以填飽肚子爲優先，而沒那麼注重體液的平衡。

十六、十七世紀時，一些醫療機構的成員們對糖的觀感開始產生一百八十度大轉變。德國醫師希羅尼穆斯・博克（Hieronymus Bock）在 1539 年寫道，糖是「有錢人的鋪張奢侈之道」，而非具有療效的藥物[04]。在十八世紀，當新的醫療理論逐漸取代體液信仰時，有些醫師研判，糖非但不具療效，且有害健康。儘管如此，歐洲在新世界剝削奴隸的殖民歷史，使糖成了一項便宜的產品。所有社會階層對糖的消費也因此大爲提升，特別是在英格蘭，當地糖的消耗量從 1720 年的一人 3.5 公斤（8 磅），在該世紀末提升至一人 6 公斤（13 磅）[05]。

從切碎甘蔗到糖的煮製，再到砂糖棒（loaves）的脫模，16 世紀糖的製造過程十分耗費工夫。

是甜還是鹹？

醋栗塔（tart of gooseberries）的製作方法

將醋栗在波爾多白葡萄酒或是烈性艾爾啤酒中煮至半熟，並將少許
白麵包煮熟；接著將它們與五顆蛋白一起使用篩網過篩，再使用糖、
半碟奶油調味，即可進行烘焙[06]。

許多中世紀和文藝復興時期的菜單中，列有我們今日所認知的甜點
料理，但這有可能是因為我們被當時使用的詞彙所誤導了。那時的
廚師常會使用酵母來發酵蛋糕，與其說是蛋糕，其實與麵包更為相

似，我們熟知的卡士達醬、派、布丁和其他類似的料理，過去通常是鹹的口味，並使用肉類或是魚來製作，它們的製作方式也與今日有所不同。我們喜歡酥脆蓬鬆的餡餅皮（piecrust），在英格蘭又稱作「棺材」（coffins），它們是質地堅硬的容器，用於盛裝混合肉餡。有些廚子在填入餡料烘焙前，會先將棺材放入烤箱烤得更加堅硬，它們的耐用程度極高，甚至可以在這一餐將餡料舀出食用後，下一餐再使用派殼裝填不同餡料。一直到十七世紀時，人們都還以「結實牢固的糊糊」*來描述棺材的製作 [07]。

上面提及的醋栗塔是甜的，但在當時，卻可能在正餐過程中端上。在記載該食譜的書中，這道醋栗塔出現在「激發男人或女人勇氣的一道塔」之後，食材包含麻雀、椰棗、榅桲以及糖 [08]。緊接著醋栗塔之後的，則是一道烤肉食譜。例如在《論廚藝》這篇十五世紀論文中，薩伏依公爵的大廚齊夸（Maistre Chiquart）描述了杏仁奶焦糖布丁的製作過程。這道甜布丁使用杏仁、澱粉、番紅花、鹽和糖製成。不過，它們卻作為晚餐的一部分端上，而非獨立的一道甜點。

齊夸說明，在卡士達烹煮完成後，糕餅師傅要製作派殼，烘焙至質地堅硬，接著填滿餡料。這道指示，便是廚師和糕餅師傅早期的分工範例。齊夸建議，在另一個獨立的糕餅廚房中烘烤肉類和魚派、焦糖布丁、卡士達和塔 [09]。卡士達和卡士達派可甜可鹹，可加糖或香料，或灑上胡椒。有些則使用我們今日熟知的基本餡料：鮮奶油、糖和蛋來製作，頂端灑上糖，接著在炙熱的鋼鐵下，烤成所謂的「烤焦鮮奶油」，也可稱為烤布蕾。當時許多卡士達也會加入起司、肉類、諸如鰻魚或是小龍蝦等魚類，與今日的法式鹹派十分相似。

---

* 譯註：wheat paste，以小麥粉或澱粉和水製成的接著劑。

這根 16 世紀的裝飾梨木製桿麵棍上,刻有宗教符號,可能出自信奉新教(Protestant)的家庭中。烘焙師傅可以在擀平派皮的同時達到裝飾效果。

布丁最早可追溯回十三世紀,不過,當時比起甜食材,更偏好搭配肉類,並且會在用餐的初始便端上。在動物的腹腔中烹調布丁,在當時的英格蘭是十分普遍的做法。十六世紀烹飪書《優良家庭主婦的寶書》作者湯瑪斯‧道森(Thomas Dawson),便將這道布丁在小牛胸肉中烹調:

在小牛胸肉中製作布丁的方法

取洋香菜、百里香,清洗並切碎。接著取八顆蛋白、磨碎的麵包以及半品脫極甜的鮮奶油,接著使用胡椒、丁香和肉豆蔻、番紅花和糖,以及小葡萄乾和鹽,放入小牛胸肉中烤,並端上桌 [10]。

一直要到十七世紀,以及布丁布(pudding cloths)和布丁盆(pudding basins)的現身,布丁的口味才開始變得更甜,像現代人鍾愛的果乾布丁之類的甜品也才會出現。

果凍或稱「*gelées*」經常出現在中世紀的餐桌上，但它們並非我們今日所知的極甜（或是即食）凝膠狀。古代的果凍是上流階層才能享用的奢華料理，中世紀廚子使用如鹿角、象牙粉末、豬蹄或是魚膠（從魚膀胱中取得的膠質）等食材，來使果凍凝結，且經常擺放在肉類、家禽肉或魚肉上方，作為第一道或是第二道菜端上桌。就算其中含有糖分，用今日的說法則偏向肉凍、豬肉凍或是豬頭凍 *。

然而就跟現代的吉利丁一樣，中世紀的人們也喜愛將果膠裝飾和調色。若非廚師自行製作，也可以從「香料商」（spicer，藥材師的另一個稱呼）處購得合用的染劑。果凍上往往會使用模具、盾形徽章或其他紋章裝飾，向前來用餐的賓客致敬，抑或印上一句讚美上帝，或是慶祝特殊場合的話語。廚師會使用一根尖端沾有蛋白的羽毛，在果凍上勾勒出圖案輪廓，接著使用沾上金色或銀色的筆刷來上色。

享用甜點的各種名義

還要經過好幾個世紀，才會在人們享用完主食後，將甜料理獨立上桌，並將其稱作「甜點」（dessert）。直到十九世紀，這個詞語僅用來指稱在前一道料理從桌面清空後，再端上的新料理。在一本十四世紀的書中，一份鹿肉和牛奶麥粥、水煮小麥粥也被稱作甜點。

用來指稱晚餐最後一道菜的詞彙有許多，但大多隱含與賓客告別之義，此時帶有離席意涵的表達是適切的，不只是因為一餐即將結束，通常也因最後一道菜會在賓客離席、洗淨雙手，唸完謝飯禱詞，並前往另一個房間後才會端上。稱呼這菜的諸多詞彙，包含「*issue*

---

* 譯註：headcheese，為一種法式豬肉凍，因傳統作法使用整顆豬頭製作而得名。

de table」，暗示著離席，另一個詞則是「*boute-hors*」，也可以寫作「*boutehors*」，由「*bouter dehors*」變化而來，意指「推出」，同樣是暗指離席，但較不文雅的說法。還有一個盎格魯——諾曼文的說法「*voidée*」，它很可能來自「*voider*」，意指「清空」，指的是從走廊或是廳堂撤出。在英語中，則常使用「*sally-forth*」一詞。「Sally port」原先指的是位於城堡中的管制入口，後來則指軍事設施的管制出入口；而「*Sally-forth*」則有出發，或是前進通過之意。因此，不論你是受邀出席晚宴的賓客或者東道主，「*sally-forth*」指的就是就寢之前，你所食用的最後一道菜。

今日，在英格蘭除了「甜點」，也常有人使用「餐後」（after）一詞。乍聽之下，這個詞十分現代，但其實「餐後菜」（after-course）的講法可以追溯至十五世紀，且很有可能就是「餐後」一詞的始祖。英國人往往使用「布丁」一詞來泛指甜點，不論端上的料理是蘋果派、巧克力蛋糕，還是真正的布丁。

在二十世紀早期，「布丁」（pudding）一詞比源自法語的「甜點」（dessert）一詞，聲望要來得較差一些。在英格蘭作家凱特・亞金森（Kate Atkinson）的小說《娥蘇拉的生生世世》中，年輕的奧古斯只有與自家人用餐時才講布丁，當有賓客時，則稱甜點[11]。在更近代，則有更多的英格蘭作家偏好使用「布丁」來指甜料理，並堅持唯有水果料理才能稱作「甜點」。法國烹飪史學家尚-路易・弗隆德蘭（Jean-Louis Flandrin）撰寫道，在十八世紀時，「水果」（fruit）是貴族階級對於甜點這道菜的稱呼，而「甜點」（dessert）則是中產階級的用詞。但在十九世紀時，則會使用「水果」一詞的複數，指端上了些許水果，而不再用來指甜點這道菜了。

水果上桌

在全世界各地，水果都是人們最早、最廣泛在正餐結尾享用的食物。中國、印度和日本傳統的正餐，通常會以水果做結，而非一道甜料理，這個傳統在許多國家中並未改變。

法文與英文字典在定義甜點一詞時，通常最先提及水果。《牛津英語詞典》稱甜點爲「由水果、糖果點心等所構成的一道菜，於晚餐或宵夜後端上」。而十五世紀的英格蘭歷史學家拉斐爾·霍林斯赫德（Raphael Holinshed）在《英格蘭編年史》中，描述一位未完成用餐的樞機主教「沒有食用他的水果」。伊弗雷姆·錢伯斯（Ephraim Chambers）在 1741 年出版的《百科全書》，則將甜點定義爲「當肉類都從桌上移開後，爲一席人品高貴之士所端上的最後一道菜。甜點由水果、糕點食品、糖果蜜餞等組成。」[13]

由於體液理論相信水果性質乾冷，且具有危險性，而理想的體質應該要溫暖又濕潤，這麼一來水果作爲最後一道菜的重要性，便顯得非常有趣了。對於這個問題，人們有各種解決辦法。有些人認爲，只要水果經過乾燥或是烹調，便可以安全食用；有些人則建議食用水果時配酒，來幫忙中和毒害；還有人提議，不如將水果浸泡在酒中烹調，會更有幫助，如將肉桂、八角和薑等溫熱的香料放入酒中，加強助力。由於大部分的水果，跟陳年起司等食物，多被認爲能舒緩或是收縮胃部，因此根據那些現今聽來荒謬的體液原則，這些食物應在一餐的尾聲食用爲佳。於是，正餐才會以椰棗和葡萄乾這類乾燥水果，或是水煮西洋梨和烤蘋果等煮熟的水果，搭配溫暖的香料、酒和抑制胃口的起司，來作爲結尾。

暗藏在烤布蕾酥脆、焦糖化酥皮之下的，是乳脂濃郁的卡士達。

十二世紀的英格蘭學者亞歷山大‧奈坎（Alexander Neckam）寫道，由於西洋梨性質寒冷且傷身，應於酒中烹煮，並在正餐結束時食用。此外他也相信，由於核桃跟危險的香草或是菌類被歸在一類，應該要搭配西洋梨一起端上桌，來克服其毒性。十三世紀時，義大利西恩納的阿爾多布蘭迪諾醫師相信，應該要在一餐的結尾時用西洋梨來舒緩胃部，幫助消化。約翰‧羅素（John Russell）在十五世紀的著作《營養之書》中，將一份正餐中的最後一道菜稱爲「一道水果」，其中列出熱蘋果和西洋梨佐糖果，搭配薑、威化餅和甜酒。

在體液學說被遺忘的數個世紀後，其中的許多概念仍持續對民間習俗與慣例發揮影響。在《諺語中窺見起司、西洋梨與歷史》一書中，作者馬西莫‧蒙塔納利（Massimo Montanari）引用了一句義大利語俗語「*aspettare le pere guaste*」（等著品嚐西洋梨），此話的意思是要

在桌邊等待，直到最後一刻 [14]。法語中也有一句話「*entre la poire et le fromage, chacun dit sa chanson à boire*」——「在西洋梨與起司之間，大夥唱著飲酒歌。」意指當一餐結束，西洋梨和起司，以及更多酒被端上桌時，每個人都放鬆了 [15]。

在中世紀晚餐的尾聲，餐桌上擺放著水果、起司、康菲蜜餞和甜酒，也會端上加入甜味與香料的榲桲蜜餞。古希臘與羅馬人使用紅酒、肉桂或薑製作出各種風味的榲桲膏，並使用蜂蜜增加甜味。中世紀阿拉伯的蜜餞師傅，以及隨後的西班牙和葡萄牙人，則使用糖調味。西班牙人將榲桲膏命名為「*membrillo*」，來自西班牙語的榲桲，葡萄牙人則稱其為「*marmelada*」，源自葡萄牙語的榲桲「*marmelo*」，這也就是今日柑橘醬（marmalade）的前身。北歐也有相似的版本，稱作「*chardequince*」、「*condoignac*」、「*cotignac*」或是「*quiddony*」。十五世紀最早從葡萄牙進口至倫敦的「*marmelada*」包裝在木箱中運送，因為標榜具有醫療效用和催情效力，再加上高昂的價格，使它成為菁英階層的高人氣禮品 [16]。直到今日，榲桲膏和起司仍是一道受歡迎的甜點組合。也有與上述完全相反的情形，某些水果被認為能幫助開胃，且應在一餐的初始食用。一位十五世紀義大利醫師羅倫佐・薩梭里（Lorenzo Sassoli）相信，無花果、葡萄、熟成櫻桃和甜瓜應該在正餐開始時食用。這難道就是義大利前菜蜜瓜火腿的起源嗎？

許多年後，人們終於不再疑心新鮮水果的危險，最優質的水果則受到了珍重。浪漫主義文豪大仲馬（Alexandre Dumas）在他的著作《美食大辭典》中，講述了一名叫做吉拉多的男子，對國王路易十四有所請求。我們不清楚他請求了什麼，但由於他最後收到了退休金，這很有可能便是他的請求。總之，這位曾經的火槍手吉拉多退休後，

在這幅庫里爾與艾佛斯印刷公司（Currier & Ives）所出品的18世紀美國印畫中，將水果描繪爲一道豐盛的甜點。

便搬到巴黎東邊近蒙特勒伊的一個村莊，並從此獻身於園藝。根據大仲馬所寫，他栽種的桃子極爲美麗可口。他寄送了一打桃子給國王，並附上一則訊息：「給國王當甜點享用」。國王大爲折服，於是親自參訪花園，要感謝產出如此優良水果的園丁。也因此，吉拉多獲得了退休金，以及每年爲國王獻上一籃最頂級桃子的殊榮。他的家族延續了這項傳統，一直到法國大革命爲止[17]。

即使是今日，在許多文化中，仍很可能將水果作爲甜點，糕點等甜食則會在特殊場合，或是作爲午後零嘴享用。1929 年的《甜點剖析》一書，其內容跟塔、蛋糕或是布丁毫無牽扯，作者愛德華‧本雅德（Edward Bunyard）是一名英格蘭苗圃主人，寫下關於享受新鮮水果

的愉悅，以及最適合搭配它們的水果酒。《艷陽下的美食》一書作者米瑞兒・強斯頓（Mireille Johnston），恰好出生在位於尼斯一棟座望大海的杏桃色房屋中。她寫道，尼斯方言（Niçois）中的甜點一詞稱作「La frucha」，也就是水果，而大部分端上家中餐桌的水果都來自於家族果園。「或新鮮，或燉煮、乾燥、製成康菲蜜餞，或是保存於白蘭地中。」水果是家族的甜點，而非「精巧且滿載著鮮奶油的高級料理」，她解釋道[18]，這是來自 1970 年代的觀察。

未發酵麵包

在中世紀文獻中，最終與水果一起端上桌的，向來還有威化餅與甜酒。麵包與酒的組合響應了宗教意涵，但這並非巧合。威化餅源於猶太人的無酵餅（matzah），也就是他們在逾越節中食用的未發酵麵包，作為聖餐的威化餅也在天主教的彌撒上使用。它們被稱作「obleyes」或是「oublies」，源自拉丁文的「oblate」，也就是祭品之意。後來的威化餅，就跟它們的宗教前身一樣，在兩塊鐵板間烹調麵糊製作而成。首先將麵糊倒在抹油且預熱好的鐵板上，使用握柄，將兩片鐵板擠壓在一起，並加熱，當其中一面烤好後，製餅者便會將鐵板翻面，加熱威化餅的另一面。這些鐵板附有長柄，以避免製餅師燙傷。冷卻前的威化餅是可塑型的，根據當時附有插圖的手稿或是畫作，可以看到威化餅往往會捲成筒狀或錐狀，再冷卻脆化。

用於製作宗教威化餅的烘焙鐵器，在鍛造時也鏤刻了宗教圖案，而一般的威化餅則帶有盾徽或是蜂巢圖案。這些蜂巢圖案可能就是它們在德語中被稱作「wafel」的原因，這個詞源於古德語的蜂巢：「wabe」。在法國，它們被稱作「gaufre」或是「gauffrette」（在後來的一些英語書籍中，則寫作「gofer」），這些詞語也從蜂巢衍生而來*。

經典法式草莓蛋糕（fraisier）結
合了草莓和海綿蛋糕與鮮奶油，
創造出一道撼動人心的甜點。

早期的威化餅麵糊使用蜂蜜來增添甜味，但到了十四世紀時，大部
分的食譜都使用糖來製作，其他食材則包括麵粉、蛋、牛奶或鮮奶
油，且往往使用肉豆蔻或是薑等香料。其中一篇《巴黎家政之書》
食譜建議，先在麵糊上添加一片起司，加入更多麵糊後再進行烹調，
作者寫道，「起司會保留在兩份麵糊間，並且在兩塊鐵板間凝固。」
[19] 聽起來似乎有點像我們的烤起司三明治或是起司烤吐司呢。

製作威化餅屬於製餅師的工作範疇，而非廚師。到了十二世紀時，
法國成立了製餅師同業公會。在都鐸王朝的英格蘭，威化餅是只有
國王和宮廷在特別的盛宴才能享受的珍饈。皇家以及其他富裕家庭

---

* 譯註：法語的 *gaufre* 與德語的 *wafel* 在現代則指格子鬆餅。

會聘僱製餅師，也可以直接購買威化餅。儘管《巴黎家政之書》一書中提供了食譜，書中也提到，作者為了一場婚宴，向一位製餅師購買了威化餅。巴黎的製餅師會在街頭製作與販賣成品，且往往在節日的教堂前，或是市集擺攤時販售。他們將威化餅捲成錐形，五個作一份交疊堆放，稱作「*main d'oublies*」。在巴黎販賣威化餅的男女皆有，由於他們往往樸素、不甚引人注目，人們會請托他們透過「*oublies*」傳遞秘密情書給情人，避免被配偶發現。賣家也會藉著與顧客擲骰子，讓客人贏取免費威化餅，以作為販賣噱頭。其中一句他們發明的叫賣口號是「*voilà le plaisir, mesdames!*」（女士們，愉悅在此！）也因此，除了「*oublies*」和「*gaufres*」等稱呼，威化餅也被稱為「*plaisirs*」，在法語中即是愉悅之意。

今日威化餅仍以各種名字存在於世。德國人會在形似聖餐威化餅的一層薄白麥威化餅（*Oblaten*）上，烤一種叫做「*Lebkuchen*」的餅乾，而荷蘭的威化餅稱作「*Stroopwafels*」，通常會以蜂蜜添加甜味，義大利文中的威化餅稱作「*cialde*」。然而「*pizzelle*」才是與「*gaufres*」和「*oublies*」製作方法相同的威化餅。文藝復興時期的翻譯家約翰・弗洛里奧（John Florio）在 1611 年版的《安娜女王的文字新世界，義大利語與英語辭典》中，在定義「pizza」一詞時亦提到：「一種威化餅，也為一種糖塔」[20]。而「pizza」在文法中的小稱詞「*pizzelle*」，則在阿布魯佐地區使用，當地仍在製作古威化餅，並於節慶時享用。移民將它們帶往美國、加拿大、澳洲和其他國家，成為廣受歡迎的零食餅乾和甜點。在英語國家中，威化餅也被稱作蛋捲、羊角餅（cornucopias）和錐形甜筒。最終它們便成了冰淇淋甜筒。

藥酒

中世紀時，香料甜酒（hippocras）也寫作「*hypocras*」、「*ypocras*」和「*ipocras*」，通常搭配威化餅使用。它得名於古希臘醫學家以及醫藥之父希波克拉底。這道飲品的出現可追溯回中世紀早期，儘管它並非由希波克拉底本人發明，醫藥之父也沒有飲用它，它的名稱從希波克拉底的古法語「*ypocrate*」衍生而來，在古英語中則是「*ipocras*」。從十四世紀一直到十八世紀，醫師們會開出「*vinum Hippocraticum*」，也就是「希波克拉底之酒」的處方箋，用於治療消化及其他方面的疾患。

甜酒也被視為一道調性溫暖的飲品，因為它是由體液理論中，被視為暖且濕潤的香料製作而成的。不論是幫助體液冷乾的人們平衡體質，還是在寒冷的冬夜享用，都十分理想。與今日的熱紅酒有所不同的是，甜酒並沒有加熱。除了糖（或蜂蜜）之外，也可以將肉桂、丁香、薑、天堂籽和麝香等香料加入其中。在《巴黎家政之書》一書中，作者於夏季菜單中寫道，由於季節不合適的緣故，並不會端上甜酒。甜酒正是因為成分中的暖性香料，而被歸類在冬季飲品。

甜酒可使用白酒或是紅酒製作，有些食譜會明確指定其中一種，有些食譜則只註明使用葡萄酒。香料和糖通常會整夜浸泡在酒中，好吸收所有甜香料風味。接著使用紮實棉布、亞麻、法蘭絨或羊毛製成的圓錐袋將酒過濾。這種圓錐袋被稱作希波克拉底之袖（Hippocrates' sleeve），雖然比起古希臘的托加長袍（toga），它更形似中世紀貴族的長袍袖子。有些廚師也會將牛奶加入食譜中，這並非為了製作成含乳飲品，而是因為牛奶遇酸性酒類時，會形成凝乳。凝乳和香料會與酒分離，留下澄清的液體。所有液體會接著過

這組來自 15 世紀溫布利亞的威化餅製餅鐵,可能用於製作一場婚宴的威化餅。鑴刻的文字如下:
「奉獻之情永常存,完美之愛永常春。」

濾二至三次,留下或白或紅,完全澄清的酒。今日的調酒師也再次運用這項製程使雞尾酒澄清化,稱作「奶洗」(milk-washing)。

甜酒過濾後,所濾出的香料混合物並非就此棄置,而會留下來為燉菜或是濃湯調味。每位藥劑師、廚師或是一家之主和女主人,都有自己偏好的混合香料。當時的人們也可以從藥材商或香料商處,購買現成的甜酒香料混合物,甚至是購買現成的甜酒。合理化飲用甜酒的最佳範例,便來自於十七世紀的英格蘭國會議員山繆‧皮普斯(Samuel Pepys)。他著名的日記讓我們得以一窺王政復辟時期的英格蘭日常生活。他在 1663 年 10 月 29 日寫道:

> 我們去了藏酒室……該處提供酒,大夥便飲用了,我只喝了些許甜酒,因就我所知,甜酒為調和飲品,並非酒種,因此我並未打破誓言。如果我錯了的話,求老天諒解!但願我可沒弄錯[21]。

威化餅和葡萄酒所帶來的愉悅。17 世紀由盧賓・波香（Lubin Baugin）所繪。

到了十八世紀時，儘管特別在北歐國家，尤其是冬季時，類似的香料酒仍相當受歡迎，甜酒卻已大退流行。蘇格蘭傳記作家及英國文人山繆·詹森（Samuel Johnson）之友詹姆斯·博斯韋爾（James Boswell），於 1763 年 1 月 19 日的日記中寫道，他前往了酒館並飲用了「一些溫熱並含有香料、胡椒和肉桂的白酒。」[22]。

為小康菲糖喝采

送上威化餅和甜酒後，一餐也將近尾聲，這時便可能端上康菲蜜餞（comfits）。它們也被稱作寢室香料（chamber spices）、小康菲糖（kissing comfits）、糖碎（confetti）、糖衣甜食（dragées）、喬丹杏仁糖（Jordan almonds）、夾心軟糖（bonbons）和糖豆（sugarplums），這些糖果不論是過往還是今日，代表的都是裹有糖衣的堅果、果乾或是香料。中世紀時，由於被認為具有醫療價值，人們除了將它們撒在甜料理上，還會撒在鹹料理、摻入蛋糕和飲品中，在節慶餐點的結尾端上、作為睡前零嘴享用，或是作為禮物贈與他人。

《牛津英語詞典》對於「康菲蜜餞」的定義為：「一種將些許水果、植物根部等食材，以糖加工製成蜜餞的糖果點心；通常為小圓球狀或是卵形，以糖衣包裹葛縷子（caraway seed）、杏仁等。」這個詞源於拉丁文動詞「*conficere*」，意指準備、使準備好。「軟糖」（confect）、「蜜餞」（confection）、「蜜餞師」（confectioner），這些都只是其他從「*conficere*」衍生而來的詞彙。在英語中，使用「comfit」一詞，在義大利語中，則使用「*confetto*」，或是更常見的複數型「*confetti*」。然而，法語則採用了「*dragée*」一詞，來描述裹有糖衣的種子或堅果。根據《牛英典》（OED），這個詞和「dredge」（抹灑，意指裹上如麵粉或糖的食材）類似，似乎是從拉丁語「*tragēmata*」衍生而來。

從糖的價格，以及製作康菲蜜餞的專門器材與技術來看，它們是富人專屬的藥物，通常從藥材商處購得。《牛英典》中對「*dragée*」（糖衣甜食）的定義爲「一顆糖豆或是糖果點心，中央爲一粒藥劑，爲了緩和服用藥物的過程。現代用途不僅是作爲藥物的載體，通常爲裹有糖衣的杏仁。」康菲蜜餞、糖碎、糖衣甜食，它們就是最原始的糖衣藥丸。在中世紀時，糖衣可能包裹著切碎的薑或香菜、大茴香、葛縷子、茴香籽或是芹菜籽。康菲蜜餞也可能爲裹有糖衣的杏仁、開心果、榛果、杏桃或櫻桃果仁，或是肉桂薄片。又或者，含有當歸屬（angelica）和鳶尾花或是鳶尾科植物的根部，則會經過乾燥處理，並磨成粉末，接著與糖和阿拉伯膠（gum arabic）混合，製作成醬膏，再將醬膏搓揉成小丸狀，裹上糖衣，製成康菲蜜餞。

到了十五世紀，皇家蜜餞商已經開始爲王公貴族製作康菲蜜餞。通常，這些頂尖人士會在晚餐後，站立著用康菲蜜餞舒緩大餐後的飽足感。除了催情的特性以外，添加葛縷子和茴香籽的康菲蜜餞也用於淨化口氣，這也是爲什麼法斯塔夫在《溫莎的風流婦人》中會對天高喊「降下小康菲糖吧。」（第五幕，第五場）*。「康菲蜜餞」（comfit）的發音與「舒適」（comfort）較爲接近，而非「康菲」（comfee），其中以葛縷子康菲蜜餞最受歡迎，因此英格蘭劇作家湯瑪斯・黑伍德（Thomas Heywood）才能在他十七世紀的劇作《西方佳人》中，創作出如此雙關語：「我會鼓起勇氣朝你的宴會邁步前進，在該處有康菲蜜餞安慰我，並往我的喉嚨倒下所有葛縷子。」[23]

《巴黎家政之書》一書中，在一場婚宴的最後一道菜註明使用了 3 磅（1.5 公斤）的白康菲蜜餞。在另一個節慶場合，作者則購買了紅

---

* 譯註：法斯塔夫此話暗指欲與情投意合的對象肌膚之親之意，因此需要來點口氣清新劑。

色康菲蜜餞，與石榴籽一起撒在奶凍上，而不是在正餐結束時使用。他也作出備註：「康菲蜜餞應該要從香料商處購買，而不是在家中製作。製作康菲蜜餞並非易事，最好還是交由專業人士處理爲妙。」經過多年，康菲蜜餞的製作設備已有所改進，但基本上製作過程如下：將種子或是堅果放入盆中加熱後，接著倒上預先融化的糖（呈糖漿狀），並搖晃容器讓其覆蓋種子或堅果。藥劑師這時得要親手將熱糖漿搓揉於種子上，確保每顆果子都裹上了一層糖衣，避免相互沾黏或是黏在鍋底。接下來靜置乾燥，然後重複這個過程，約三至四天，有時需要重複好幾次。

到了十七世紀時，廚師和康菲蜜餞師已經變得比藥劑師更善於製作康菲蜜餞，不過，製作過程仍然一樣困難。第一位出版英語食譜的女性作者漢娜・伍利（Hannah Woolley）在 1684 年版的《女王般高貴的碗櫥與富裕櫥櫃》一書中，詳盡地描述了康菲蜜餞的製造過程。在描述到應將製作器材「準備完善」後，她寫道：

> 如此融化你的糖：將三磅的糖與一品脫的水一同放入盆中，加以攪拌使糖浸濕，接著充分地融化並小心滾煮，直到糖漿能如松節油般從勺子上涓涓流下，而非滴下，接著停止沸騰，但仍保留在餘燼熱源上，此時可將糖漿舀至種子之上。盡可能快速移動懸掛的種子盆，一手倒下半勺的熱糖，另一手搓揉種子片刻，讓它們能夠更充分地吸收糖分，接著裹上各層糖衣後，靜待果子乾燥。

> 移動種子盆，以單手攪拌康菲蜜餞，並以同樣的方式乾燥，每層糖衣都需以此工法處理。每小時可以製作三磅的康菲蜜餞，由於康菲蜜餞尺寸會逐漸增大，製作時也應逐次舀入更多的糖漿。

美麗馬卡龍色系的喬丹杏仁糖能為一道甜點增添繽紛色彩。

但若要製作簡單的康菲蜜餞時，最後一次的糖不需要長時間熬煮，而首次的糖漿則應充分熬煮，溫度不要太高。若想製作脆而具有顆粒感的康菲蜜餞，必須以高溫熬煮，如此一來糖漿會從勺中快速流下。可於一呎或更高處的勺中倒下，糖漿的溫度越高，康菲蜜餞的表面也會更具顆粒感，再者，以小火熬煮，製作康菲蜜餞不會用到那麼多糖，且能保留較粗糙的質地，製作時須確保將糖漿充分熬煮，每次都都要將果子或堅果裹上滿滿的糖衣，至少八到十層[24]。

並非所有的康菲蜜餞表面都是平滑的，有些故意製作成坑坑疤疤，或如伍利所描述的：充滿顆粒感的質地，在當時特別流行。它們也並非都是白色，有些會在裹上最終一層糖衣時，使用植物性染劑染上紅色、黃色、藍色或綠色。玫瑰花瓣能將它們染成紅色或粉紅色，番紅花使它們變為金色，菠菜會染成綠色、矢車菊則是藍色[25]。

作為階級的象徵，康菲蜜餞被擺放於高雅、或是通常帶有珠寶裝飾的盤中，並在婚宴及其他慶祝場合端上。它們被保存在稱作「*drageoirs*」的奢華小盒子中，這個詞由法語「*dragées*」（糖衣甜食）一詞衍生而

來。其中的內容物並沒有珠寶那麼珍貴，但「drageoirs」就跟珠寶盒一樣，設計與裝飾十分華麗。在當時的法國，一場盛宴結束後，賓客往往會收到一盒裝滿康菲蜜餞和其它甜食的「drageoir」，帶回家作為禮品。在法國，康菲蜜餞有時也被喚作「bon-bons」，並盛裝在一個奢華度不相上下，稱作「bonbonnières」的容器中。當時人們認為康菲蜜餞能治癒不孕症，因此常作為結婚賀禮贈送，人們甚至會將其像米一樣拋撒在空中。

康菲蜜餞也經常被當作送給來訪貴客和教會官員的禮物，例如北法城市凡爾登（Verdun）的康菲蜜餞便十分著名，曾作為官方禮品致贈主教；1575 年凡爾登市民在亨利三世加冕時，便贈送了一打糖衣杏仁作為禮物；以手工糖碎（confetti）著稱的義大利城市蘇爾莫納（Sulmona），則擁有一家專門的甜食博物館。「糖果點心藝術博物館」（Museo dell'arte confettiera）位於一座由十六世紀古蹟改建的建築中，此地也曾是蘇莫爾納最著名的糖碎製造商，佩里諾糖碎工廠（Frabbricca confetti pelino）廠址。

當時舉行婚禮和嘉年華會，也像我們今日拋灑五彩碎紙（paper confetti）般，在空中拋撒康菲蜜餞。1891 年出版的《華特・史考特爵士日記》（Journal of Sir Walter Scott）中，史考特爵士回憶了一場活動中，「讚美的話語就像義大利嘉年華會的糖豆一樣，四處飛揚。」[26] 在當時，製作大量康菲蜜餞是十分昂貴的，因此有些製造商便會偷工減料，將杏仁或是種子先裹上麵粉，再於糖漿中攪拌，這代表他們只須使用少量的糖，就能快速地裹上更厚的糖衣。如果少許麵粉能加速製程、降低成本，那麼更多麵粉豈不是更妙？這種方法使得康菲蜜餞的製造變得更便宜、快速，而且成品一樣可食用，不過的確沒有原來精緻的版本那麼可口了。另一個解決辦法，則是製作

不可食用，僅用來拋灑的「替代版康菲蜜餞」（ersatz comfits）。這些假康菲蜜餞的原料爲灰泥（plaster），製作成糖衣杏仁的形狀與尺寸後成籃販賣，在節慶中投撒在朋友、愛人與嘉年華會遊行時的陌生人身上。扔康菲蜜餞也被視爲一種調情手段，以求吸引對方注意。

德國大文豪歌德在年近四十時，花了二年在義大利各地旅遊，並在 1787-1788 年於《義大利之旅》（*Italian Journey*）一書中，描寫了他對該國度的印象與習俗。歌德稱羅馬嘉年華會爲「一場小型戰爭，大部分的時候只是在嬉鬧，但時不時卻過於認眞。」他描述到戴著面具的與會者，他們或行走、或乘坐四輪馬車，擠滿大街小巷，人們從陽台觀望盛會，小販扛著裝滿了灰泥小丸的籃子，在人叢中穿梭販賣給穿著戲服狂歡的群衆。狂歡者購買成磅的彈丸武裝自己，將彈丸裝在數個袋中或是綁在手帕裡。有些女子則會將自己的彈丸裝在漂亮且鑲金或銀的籃子中。

根據歌德的說法，最令人難以抗拒的標的物，便是修道院長（abbés），一被灰泥糖碎擊中，他們黑色的大衣便立刻佈滿灰白斑點。但不僅是他們，無人能夠免於戰火波及，男人們會向漂亮的女孩投擲糖碎引起她們的注意，女人則鬼鬼祟祟地朝俊美的年輕男子丟糖碎。花不上多長的時間，馬車和大衣、帽子和街道，似乎都被覆上了一層白雪般的彈丸。除了偶有樂極生悲的小插曲，這場盛會可說是極爲歡樂。歌德寫道，戴著假面的與會者一不小心，便太過用力地用糖碎砸中了心儀的女士，這樣的情形不時發生。此時，女子的朋友們便憤而回敬他。只有警察以及懸掛在數個角落駭人的絞刑索（corde），能預防這些衝突升溫至危險的程度[27]。大部分的時候，慶典愉悅嬉鬧，灰泥的塵土也很快便清掃乾淨，一切相安無事。

一只高雅且能象徵身份地位的 17 世紀英格蘭康菲蜜餞容器。

很快地，嘉年華會的與會者們學會穿戴防塵衣，保護他們精心打扮的裝束不被灰泥塵土弄髒。他們甚至還會使用鋼線面罩來預防雙眼受傷，因為灰泥彈丸要是命中眼睛，可是會釀下嚴重損傷的。（有些嘉年華會的參與者開始使用有如迷你煤鏟般的勺子來投擲彈丸，而非親手投擲，因此防禦措施也逐漸成了必要策略）

到了 1844 -1845 年，根據英國大文豪狄更斯親身觀察，這種小型戰爭急劇升溫擴大。儘管狄更斯對於大夥兒的遊戲精神十分欽佩——大部分的嘉年華與會者都算是和氣，他仍然戴著鋼線面具以自保。他在《義大利風光》（*Pictures from Italy*）中寫道，就連四輪馬車也披戴著防塵套：「所有的四輪馬車都是露天的，並使用白棉布或是印花棉襯布小心地覆蓋，來避免精美的裝飾受到連續投擲攻擊。」狄更斯如是描寫了模擬戰事：

19 世紀羅馬嘉年華會激烈的糖碎投擲場面可不是開玩笑的。

義大利蘇莫爾納的佩里諾公司，它們號稱自家的糖碎是遵照 300 年的食譜製作，且絕不含有麵粉或是其他澱粉。

在一地僵持甚久之後，四輪馬車會開始與其他四輪馬車，或是位於高度較低之窗口的人們，進行策略性的交戰。而位在較高處陽台或是窗口的觀眾，則會加入這場爭戰，並且倒下成袋的糖碎，如雲朵般從天而降，攻擊雙方，一瞬間，就將下方的人們染得跟磨坊工人一樣雪白 [28]。

十九世紀時，不論是為了取代具有危險性的灰泥糖碎，還是僅作為創新產品發明，一項同名商品就此誕生。1894 年由倫敦的文具公司 J. & E. 貝拉（J. & E. Bella）委託製作，亨利‧德‧土魯斯 - 羅特列克（Henri de Toulouse-Lautrec）在廣告海報上描繪了一個微笑著的快樂年輕女子，沐浴在繽紛且無害的紙製糖碎之下。和灰泥糖碎相比起來，可說是一大進步。這些碎紙任人愛怎麼拋就怎麼拋。它們價格便宜、充滿節慶喜氣，而且十分輕盈，被砸中時的感觸根本不及糖碎的一丁點。五彩碎紙不會在衣物上留下斑污，因此再也無需配戴面罩和防塵衣了。這也難怪，產品推出初始，新聞報導便表露極度的興奮之情。1894 年的 3 月 26 日，紐約時報報導，在巴黎的大道上，鋪上了一條新的地毯：「五彩碎紙創造了觸感柔軟、外觀別緻，新穎而極致品味的天鵝絨毯。」五彩碎紙成了遊行、婚禮和嘉年華會的霸主。它取代了灰泥糖碎，並且讓康菲蜜餞、糖碎和糖衣甜食不再被當作彈藥，重返它們的甜食本色。

別名五花八門的康菲蜜餞，今日仍出現在世界各國的餐桌上。在伊朗，新的一年從春季的第一天開始，稱作諾魯茲節「Nowruz」，依照傳統會端上七種甜食慶祝，其中一種便是稱為「noghis」的糖衣杏仁康菲蜜餞，而「sohan asali」則是在蜂蜜和番紅花中烹煮，並以開心果裝飾的杏仁。印度的甜茴香子「saunf」或是「viliary」、英格蘭的洋茴香球（aniseed balls）、法國的「弗拉維尼茴香糖」（Les Anis de Flavigny, un bien bon bonbon），名稱中雖含有大茴香，其實提供各種口味——這些都是康菲蜜餞。它們可能是孩童的甜食（愛麗絲在前往夢遊仙境的途中，帶了一盒康菲蜜餞）或是成人的口氣清新劑，最爲懷舊的康菲蜜餞就是喬丹杏仁糖了。喬丹杏仁糖得名於法語的花園「*jardin*」，而非同名的國家約旦（Jordan）。它常作爲離別贈禮送給婚禮賓客，就像過去高雅的中世紀晚餐結尾，贈送給來賓的康菲蜜餞一樣。取代珠寶容器「*drageoir*」，喬丹杏仁糖則被收藏在一個以緞帶裝飾的絹網袋中。它們不再被視爲藥物，而被當作幸運的象徵，特別是以五顆作一組贈與時。這個數字象徵健康、財富、幸福、孕育豐饒和長壽。

今天，當我們在冬季飲用辛辣的香料熱紅酒，享受楄桲膏切片佐曼切格起司（manchego），或使用紅酒煮西洋梨和甜香料作爲一餐的結尾時，我們雖不是要抑制胃口，或平衡體液，但是我們仍遵循著古老的慣例。這些規矩背後的動機已有所改變，但中世紀晚餐的最後一道菜，與我們今日的最後一道菜，不謀而合。

亨利・德・土魯斯 - 羅特列克 (Henri de Toulouse-Lautrec) 在 1894 年描繪無害的五彩碎紙投擲景象。

第 二 章

大飽眼福的視覺饗宴

（俗）話常說：「用眼睛品嚐食物。」若依照這說法，那麼中世紀的歐洲上流社會，可說是吃上滿漢全席了。這是夢幻擺盤的黃金時期——糖雕城堡樓臺在燭光下晶光閃爍，孔雀裹著五彩羽毛被端上桌，烤野豬頭則口中噴著火焰（端上桌前點燃一團浸泡在樟腦和酒精中的棉花，卽可造就此視覺效果）。[01]

中世紀英格蘭這些令人歎爲觀止的料理又稱作「精雕」（subtelties），現在回過頭看，用這個字形容當時的料理實仍太客氣了。當時，盎格魯－諾曼語中的「*subtelity*」一詞，又寫作「*sotilté*」、「*sotelté*」或「*sotileté*」，指的是手工藝設計中的精巧與匠心獨具，用來描述這些料理亦十分相稱，在義大利，則稱作「*trionfi*」，也就是勝利；而在法國，則稱爲換場點心（*entremets*），意指介於各主菜之間的換場料理。在同系列菜餚從桌上清空後、下一組菜餚到來之前，正是「精雕」登場的時機，它們被用來塡補空檔，藉機娛樂賓客，令他們大開眼界，也有炫耀權位、財富和技巧的意味。

「精雕」、「換場點心」可甜可鹹，用途就像音樂演奏中的間奏，或是短劇插曲，也如一齣劇中各幕之間的短暫表演或所謂的幕間演出（entr'acte）。有些「*entremets*」帶有政治意涵，例如：主人可能會展示帶有旗幟的城堡模型，提醒賓客自己旗下廣闊的統轄疆域。這些料理以糖、糕點或硬紙板製成，能雕琢出森林，或是附有數個祭

壇的教堂等場景。這類料理大部分都能食用，不過，能否入口卻非必備條件，視覺上的娛樂性和矚目性才是關鍵。特殊節慶或重要政治場合自然少不了精雕，然而創造這些展示品是件龐大、勞力密集又昂貴的差事，也因此帶來了工匠、木匠、畫家、雕刻家……以及廚子、侍者和洗碗工許多就業機會，不只如此，活動也會雇用歌手、舞者和樂師。但只有特權階級才能在晚餐時享受如此奇觀，其他人則可透過像下面這首英語老童謠，間接體驗盛況：

小博根國王造了一座美麗廳堂，
用派皮和酥皮搭建為牆，
黑布丁白布丁充當戶窗，
還有鬆餅為磚瓦——你從未見過如此盛況！

尋常百姓在嘉年華會或戶外慶典期間，也能目睹如此驚人的建築。十七世紀弗朗西斯哥·歐里利亞（Francesco Orilia）的木版畫描繪了一道由麵包、起司、水果、薩拉米香腸和乳豬建造而成的紀念拱門，這是為了在施洗約翰（St John the Baptist）節盛宴上，向那不勒斯總督安東尼奧·阿爾瓦雷斯·德·托萊多公爵致敬，並展現公爵的寬宏慷慨所建造 [02]。不論換場點心（entremets）的食材是糖還是香腸、派皮還是奶油，成品都十分壯觀。有些精雕甚至跟下面這首耳熟能詳的童謠所描述的一樣震撼人心：

唱首六便士之歌，
裝滿黑麥的口袋，
烤二十四隻烏鶇餡作派，
揭開時鳥兒們振聲高歌，
如此講究的料理理當獻王者？

活生生的烏鶇果眞跟歌謠描繪的一樣，異想天開地包裹在派中端上桌。然而牠們並沒有眞的經過烘焙，只在揭開派的同時展翅飛出，在廳中放聲歌唱。爲了達到如此效果，必須在堅硬的麥皮中裝滿麥麩烘焙，烤好後，會在派底切出一個洞，倒出麥麩。派皮負責人再將活生生的鳥裝入空心的派中，塡起洞口，端上桌。之後，僕人便會揭開派頂，任鳥兒們紛紛飛出，娛樂衆賓。

十七世紀晚期的英格蘭廚師與作者羅伯特・梅（Robert May）對食物的觀念紮根於更久遠的年代。身爲在法國受訓過的保皇主義者，梅喜愛壯觀的排場，其著作《高尙的廚師》（*The Accomplisht Cook*）出版於奧利弗・克倫威爾（Oliver Cromwell）的清教徒政權敗退後、英王查爾斯二世重新復辟的 1660 年代。梅所謂的「貴族之樂」（delights of the Nobility），在英格蘭再次得到稱頌。他在書中除了描述超過一千道可食用的食譜，也描繪了王公貴族面前震撼奪目、往往難以下嚥（有些人則說難以置信）的料理。

梅在「烹飪中之勝利與戰利品，於節慶場合使用，例如聖誕的第十二日等」的篇章中，說明了附有旗幟、飄揚的旗帶和槍的紙板船製作過程。他使用紙板製作了一頭雄鹿，並在內部灌滿波爾多葡萄酒；雄鹿的身側嵌了一支箭，整組料理盛放在大拼盤上，周圍撒上鹽。鹽之上，由裝有玫瑰水的空蛋殼作擺飾，兩側分別擺放著裝滿靑蛙和鳥兒的派，整組料理陳設於餐桌上，想必是爲了引發賓客讚嘆。梅寫道，女士們會要求拔出雄鹿上的箭矢，而看似鮮血的紅酒會接著流出，紙槍隨之發射，噴出粉末，接下來，梅解釋道：

> 請女士們取用裝有甜水的蛋殼砸在彼此身上。歷經驚險之後，賓客可能會好奇派中究竟裝著什麼，此時揭起其中一份派的蓋子，

青蛙們魚貫跳出，女士們驚叫跑跳；再揭起另一份派，鳥兒便從中飛出，順性朝光源處飛去，撲熄蠟燭。飛鳥與跳蛙上下夾攻，為賓客們帶來驚喜與樂趣。過一會兒，重新點燃蠟燭，同時端上盛宴，樂聲響起，大夥兒欣喜又滿足地回顧方才發生的種種 [03]。

隨著時光流逝，換場點心（entremets）從純粹的娛樂，演變成蔬菜、蛋類料理到鮮奶油或蛋糕等，食物種類廣泛，但漸漸地，甜料理比鹹料理更加突出。現代的「換場點心」與羅伯特・梅時代相較之下失色不少，糕點主廚仍會為甜點桌創作驚人的壯觀場面，但跳蛙與飛鳥已不再是餐桌的餘興節目了，大部分人也不太可能容忍餐桌上出現互扔裝水蛋殼的舉動。今日的餐廳甜點菜單上，「entremet」這個詞用來指具有慕斯、甘納許等，餡料濃郁又柔軟的千層蛋糕，大多以焦糖醬、巧克力糖衣、糖煮水果、甜奶酥餅或是形似屋瓦，與威化餅一樣薄的瓦片餅乾作裝飾。當今糕點和烘焙比賽中，千層蛋糕也是測試糕點主廚技能的項目之一。

甜食宴席

梅筆下的「宴席」，指的是節慶晚餐終了所端上的一道糖果點心。宴席（banquet）也可寫作「banquette」。該詞可追溯自十六世紀，在蘇格蘭，又稱作蛋糕和葡萄酒宴席；在北英格蘭，則稱作水果宴席。可別跟我們印象中精巧的公務餐會給混淆了，這種「宴席」是一道甜食，它從更古老的時期，在晚餐後享用康菲蜜餞和甜酒的習慣中獨立出來，通常會在別於主餐的另一個房間或其他地點享用。甜點宴席的立意是為了在賓客心中留下好印象，廚師們為此將製作更繁複的料理。在當時，美味可口的甜食仍被認為具有療效且有益消化，但很顯然地，它們就是現代甜點的前身。

1693 年 2 月 28 日的這道糖雕,爲波隆那維贊尼宮(Palazzo Vizzani)的宴會餐桌增色不少。

「宴席」一詞用於稱呼這一道特定料理，以及奢華莊園中專為設宴款待所造的建築。在晚餐後散步穿越花園，來到宴會廳享用糖果點心和紅酒，可說是極為愜意的消遣。高雅的宴席建築通常建於山丘上，瞭望著湖光或是花園；有些則建在屋頂上，眺望別緻的遠景，部分清教徒人士視其為偷情景點，並藉機反對，但其他人則相當享受。亨利八世在漢普頓宮設有宴會廳，伊莉莎白女王鍾愛的三層樓高宴會廳，則建於距離倫敦 16 公里的無雙宮山丘上 [04]，女王出了名地熱愛甜食，據說連牙齒也因此蛀黑了。當時一磅的糖價等同於工匠一天的薪資，唯有富人才享受得起宴席之樂。

該時代的食譜書中，幾乎列有相同的「宴席必需品」或是「宴席點心」清單。在 1611 年的《小姐和淑女們的櫥櫃》（*The Closet for Ladies and Gentlewomen*）一書中，匿名作者在宴席食物篇章開場寫道：「宴席點心如下列出：柳橙醬、榲桲及各式水果果膏（Quodiniacks），諸如此類。」食譜則包含了各種康菲蜜餞、果凍、水果膏和鮮奶油，以及糖製並鍍金的「鳥類及其他走獸」。作者製作了一份「biskatello」，這是以糖膏混合、塑形成小條麵包狀，並置於威化餅上烘焙的點心，烹飪說明指示，烘焙完後，「點上金，裝入盒中。此為極其高級的宴席點心。」在說明糖膏核桃的製作時，他描述：「敲碎表面後，應在其中尋見餅乾和葛縷子，或是一條可人的短詩。」作者表示，這類宴會小點「甚可逗樂孩童」。[05]

雖然《小姐和淑女們的櫥櫃》是為貴族所寫，然而甜食宴席作為一道料理的概念，也傳到了中低階層的家庭當中。擁有獸醫學、狩獵、鷹獵及騎馬等相關著作的英格蘭詩人、劇作家哲瓦斯·馬坎姆（Gervase Markham, 1568-1637），撰寫了《英格蘭家庭主婦》（*The English Housewife*），該書是十七世紀早期，描寫英格蘭家政務最重

要的書籍之一。自出版以來，重新發行並校訂多次，且在 1620 年登船遠航到了維吉尼亞州，成了第一本運送到美洲殖民地的食譜。馬坎姆對正統的宴席程序，作出了下列說明：

宴席程序

首先應端上一道僅限觀賞的菜餚，外型模擬野獸、鳥、魚、家禽……接著端上杏仁膏點心，隨後是蜜餞、果膏，再來一道滋潤的濕果蜜餞，其後是乾燥蜜餞、柳橙醬、康菲蜜餞、蘋果、梨子、硬梨子（wardens）、柳橙和檸檬片，再上飲料，接下來再上另一道蜜餞……同類型料理不可連續出餐或是同時出餐，才能確保賞心悅目的用餐氣氛，也因種類多樣而更增胃口 [06]。

馬坎姆的書與其他早期食譜最大的不同處在於，他的目標讀者是鄉村家庭主婦和淑女，而非貴族。然而，此處的家庭主婦指的並非普通勞工的配偶。從書中的主題可清楚見到，這些婦女識字、擁有地產、富有且肩負繁雜家務。該書內容井然有序又周到，涵蓋醫療、烹飪、蒸餾、釀造、烘焙、乳製品製作、染色和設宴等主題 [07]。在宴席料理篇序章中，馬坎姆描述，儘管這些「漂亮又新奇的秘密」並非日常實用，它們卻是「裝飾所必要」。他寫道，一位高尚的家庭主婦，應知道如何製作它們，家庭主婦之所以身負此任，可歸因於糖的醫藥用途，而一般家庭多由主婦供應家人藥品。此外，由於糖在當時仍相當昂貴，防範竊盜也十分重要。

一家主婦和侍女，通常負責製作這些精緻的甜品，收錄在 T・霍爾（T. Hall）《女王的皇家烹飪法》（ *The Queen's Royal Cookery,* 1709）的卷頭插畫中，描繪了男廚師在猛烈的火焰上烤肉，而女廚師則一邊進行蒸餾與糕點製作的畫面。直到今日，一般還是會將男性與燒烤、

即使在這種料理作古許久之後，孩童仍十分喜愛這類描繪派中黑鳥的童謠和漫畫。這幅插畫便是1865年由著名英格蘭藝術家華特‧克雷恩（Walter Crane）所創作。

女性與糕餅製作聯想在一塊。馬坎姆提到的宴席料理食譜，多與中世紀時期並無大異。其中包含果凍、柳橙醬、班伯里蛋糕（banbury cakes）、薑餅、香料蛋糕、糖膏製成的肉桂棒（faux cinnamon sticks）、稱作奶油甜餅（jumbals）的餅乾、杏仁膏點心和濕果蜜餞，搭配甜酒和其他飲品。以下是馬坎姆的「奶油甜餅」食譜：

> 最優質的奶油甜餅製作方法：充分攪打三顆蛋白，移除白沫。取少許牛奶和一磅的細小麥粉和糖，以細篩網過篩，接著取適量洋茴香，充分搓揉並保持乾燥，最後全部一起攪拌，盡可能地拌到質地變得堅硬，之後隨喜好形塑成各種形狀，擺在烤盤用紙上，放入烤箱烘焙[08]。

糖雕點心

宴席餐桌上豔麗的視覺饗宴，全憑糕點師的甜點料理技能。十一世紀起，伊斯蘭世界的糕點師便已發展出高超糖藝，這些技藝很有可能透過中東與威尼斯之間的貿易，傳播到了歐洲的宮廷。歐洲糕點師因此受惠，學習到如何將糖煮沸成澄清的糖漿、結成銀色的絲線，並加熱濃縮成深色濃郁的焦糖。十五世紀期間，糕點師再次追隨中東技藝的腳步，開始將糖與一種稱作「黃耆膠」（gum tragacanth）的地中海灌木樹脂結合，製造出又稱糖皮（sugar plate）或是翻糖（pastillage）的糖膏，餐桌裝飾也自此改頭換面。黃耆膠又稱作龍膠（gum dragon）或龍（dragon），與糖結合後黏性牢固又具高度延展性，能以手或模具塑形。糖雕藝術瞬間進展飛躍，複雜度也出奇驚人，城堡、騎士、駱駝、大象、建築、飛鳥和野獸皆可製成，通常

1687 年 1 月 14 日，卡斯爾梅因伯爵的餐桌展示了這道以女神朱諾和西布莉 (Juno and Cybele) 為題的糖雕作品。

以政治、歷史或是神話作為主題，隨糕點師的想像與喜好，成品可以留白，上色或是鍍金。糖雕出色的表現，使宴席又有糖宴（sugar banquet）的別稱。

1574 年，當波蘭國王兼上位在卽的法國國王亨利三世——也就是瓦盧瓦王朝的亨利（Henry of Valois）造訪威尼斯時，受到了熱情奢華的招待。在他拜訪了威尼斯軍械庫，且對裝備武器留下深刻印象後，被款待了一道糖製點心。他對杏仁膏與糖膏製藝術品的佩服之情，可說是跟武器不相上下。但就在他準備開動，伸手取用餐巾之際，不禁大感震驚，餐巾竟也是由糖製成的。其實，從盤子、麵包到餐具，無一不由糖構成。第二天，他又受邀出席一頓糖宴，該盛宴由三百尊最潔白、最純粹的糖製女性雕像所構成，也就是糖後宮（seraglio），其中一尊小雕像展現了王后為國王獻上兩頂王冠的姿態。在宴席尾聲，還提供給賓客特別的袋子，將這些甜食藝品帶回家。大為感動的波蘭國王，最後訂購了 39 尊較小的糖雕像帶回法國 [09]。

1585 年，杜塞道夫一座城堡中所舉行的一場王室婚宴，場面壯麗非凡，糖宴與婚宴的搭配可說是天作之合。一幅推測由弗朗斯·霍根堡（Frans Hogenberg）所創作的印畫中，描繪一張餐桌覆蓋餐墊，上頭展示了巨大的糖雕城堡、樹木、獅子、大象以及一名騎在馬背上的男子等。高塔般巨大的糖雕，讓畫中前景的賓客們顯得格外嬌小。結婚慶典結束，賓客們便將雕像砸成碎片，作為紀念品帶回家 [10]。

在當時，由賓客或觀眾將裝飾擊碎後享用的飲食儀式可說是家常便飯。因撰寫《沙拉：有關沙拉的對話》（*Acetaria: A Discourse of Sallets*）而成名的約翰·伊夫林（John Evelyn），也在日記、信件和論文中，記錄了他當時出席多場晚宴的情景。他在 1685 年 12 月的

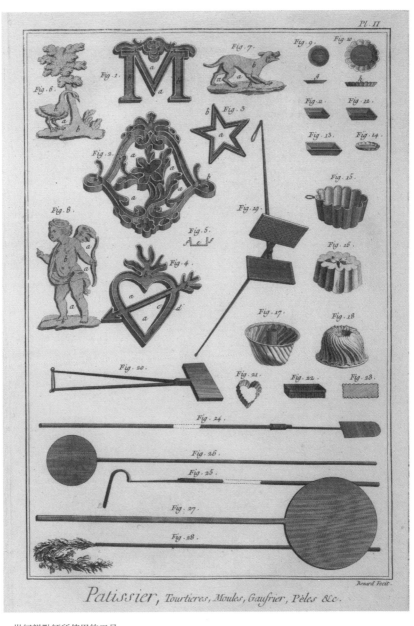

Patissier, Tourtieres, Moules, Gaufrier, Pêles &c.

18 世紀糕點師所使用的工具。

日記中，描述了一場詹姆斯二世為威尼斯大使所舉辦的宴席：

> 宴席由十二張無比巨大且盛滿至小山高的淺盤組成，盤中堆
> 得如此之高，比鄰而坐的賓客幾乎看不見彼此。大使
> 們卻碰也不碰這些耗時費工的精美糖果點心，反
> 倒是留給出於好奇而來參觀晚宴的群眾們取
> 用。一瞬間，驚人的作品就被觀眾拆除
> 了，糖果蜜餞一掃而空，桌面清得一
> 乾二淨，大使們見了無不大為欣喜
> [11]。

鄂圖曼時期，土耳其糕點師以甜
食著稱。他們就跟歐洲同行一
樣，為王室和宗教場合，特別
是割禮和婚禮製作精緻的糖飾
品。他們雕塑糖製動物、雙陸棋
（backgammon）以及西洋棋盤
和棋子，尤其擅長糖製花園的布
置。土耳其糕點師的妙手讓糖製
鬱金香、玫瑰和黃水仙在棕糖製成
的花圃泥土上綻放，糖衣杏仁鋪成了
花園步道、糖樹上裝飾著糖檸檬和杏桃。
這些美麗的作品在遊街、供民眾欣賞之後，
便會提供大眾享用，例如 1675 年，蘇丹穆罕默
德四世長子割禮的慶典第七日，一千盤甜食被擺放在
地上，供群眾取用。根據土耳其歷史學家瑪莉・伊辛（Mary
Işın）考究，這些慶典規模盛大，甚至需靠國際合作才能完成糖果的

製作，舉辦方除了雇用上百名當地糕點師外，還請來威尼斯以及希臘希俄斯島（Chios）的專家，幫忙製作糖飾品[12]。

在當時，因製作糖雕的勞力需求較高，也發展出租借與販售的服務。然而到了十八世紀期間，時髦晚宴上的糖雕品則被如麥森（Meissen）、賽佛爾（Sèvres）、韋奇伍德（Wedgewood）等新工廠所製造的高雅瓷器給取代了。

宴會點心

五花八門的宴席點心之中，杏仁膏的功能最多變。杏仁和糖膏能進行雕塑、以模具塑型並上色，創造出各種花俏的雕像，樣式從火腿、培根，到梨子和柳橙皆有。杏仁膏很可能源於六世紀的波斯，當時的糖精煉技術十分精良，也廣為應用在杏仁製品。中世紀晚期，這道美味的點心傳到了西西里島、威尼斯、西班牙和葡萄牙等歐洲各地。杏仁膏不只是優異的模型媒材，也極為可口，因此，杏仁膏塑像在展示之後，通常很快就被搶食一空，有時也令創作者氣忿不已。就連才華洋溢的李奧納多・達文西在雕塑了杏仁

杏仁膏是西班牙托雷多的點心特產之一。

膏像後，也不禁抱怨道，「我哀痛地目睹盧多維科大人和宮廷成員，狼吞虎嚥地掃空我爲他們製作的雕像，連殘渣都沒有留下。」他寫道，「我立下決心，今後要採用較不可口的媒材創作，作品才有機會流傳後世。」[13]

現今歐美市面上，販售著形形色色又逼眞的杏仁膏製梨子、西瓜、石榴、番茄和其他水果蔬菜。有些含有甜蛋黃或果醬餡，或填有巧克力餡料，有些則灑上糖粉，它們是聖誕節與復活節的明星，其中，杏仁膏羔羊也參了一腳。不論是誰首先想到要融合糖和杏仁，創造出可塑性如此高、又甜美的甜品，西班牙、葡萄牙、義大利和西西里的遁世修女們，都爲杏仁膏的長遠流傳助了一臂之力。在宗教動盪、戰爭動亂的時代，修女們持續製作並販售杏仁膏和其他糖果點心，資助自家修道院。她們除了在當地販售，也供應傳教士和探險家攜帶至世界各處。有人發明了一道妙法，讓修女們得以在不與買家接觸的前提下，販售杏仁膏，儘管這個習俗在現代已相當罕見，仍可在少數地區見到。在十七世紀的聖體女子修道院、馬德里的米蘭達伯爵廣場上，修女們販售著杏仁餅乾（*naranines*，又稱柳橙甜食）和其他糕點，雖然不是杏仁膏，販售方法卻雷同。在修道院的入口壁中，建有轉盤，外觀類似迷你木頭旋轉門，讓修女和顧客在不打照面的情況下，依舊能順利交易。客人們會參考商品清單選購，將訂單和錢放入旋轉盤的底座，轉到另一面，幾分鐘之後，盛裝好指定甜品的轉盤便會轉回顧客這一側。

經常被列爲宴席點心之一的杏仁膏點心（*Marchpane*），乍看之下似乎只是杏仁膏（marzipan）的另一種寫法。然而，這兩者其實是相關卻又獨立的個體。製作方法如下：首先，廚師或糕點師會製作杏仁醬膏，使用桿麵棍擀平，就像派皮一樣，將邊緣摺起一圈，根據

1659 年版《全方位廚師》（*The Compeat Cook*）作者的說法「就跟製作塔一樣」。接著，將杏仁醬膏擺放在威化餅上進行烘焙。作者為這道食譜下的標題為：「製作杏仁點心：為其製作糖霜……等」。作者繼續寫道，在首次烘焙後，應該以玫瑰水和糖製作糖霜，接著使用羽毛抹上糖霜。完成後，廚師要將長條康菲蜜餞直立塞入其中，端上桌 [14]。而食譜中並未註明杏仁膏點心的大小。數年之後，肯艾爾姆‧迪格比爵士（Sir Kenelme Digby）的著作《知識超群的肯艾爾姆‧迪格比爵士兼薊花授勳騎士的櫥櫃揭秘》（*The Closet of the Eminently Learned Sir Kenelme Digby Kt. Opened*, 1671）中，有道食譜則特別註明，杏仁膏點心應該要擀成手掌大小、一根手指的厚度 [15]。

如同這一時代的許多男人，迪格比爵士也從朋友那裡收集了食譜，在他去世後，助理喬治‧哈特曼才將他的收藏出版成冊。迪格比多才多藝，既是騎士，又是作家與海軍軍官，在歐洲科學、哲學和數學圈中十分著名，他在 1630 年代擁有一家玻璃工廠，製造的酒瓶帶有瓶頸、瓶領和凹槽（也就是瓶底的凹陷處），使他也有現代酒瓶蓋之父的稱號。迪格比更是一位愛書人，許多珍貴的手稿和書籍的保存，都要歸功於他慷慨地將這些典籍捐獻給牛津大學的博德利圖書館和巴黎的國家圖書館。1655 年，他捐了四十本書給位於麻塞諸塞州劍橋，剛成立的哈佛學院 [16]。他也是第一批建議吃蛋和培根當早餐的人，他在《櫥櫃》（*The Closet*）中寫道：「兩顆水煮蛋搭配一些乾炒純培根薄片，是個不賴的早餐或是正餐開場選擇。」[17]

迪格比的杏仁膏點心食譜與《全方位廚師》中的說明有些許出入。他並未將邊緣摺起，而是將它們放在紙上烘焙，並在過程中翻面，避免燒焦。他說，杏仁膏點心應該外部乾燥、內部柔軟濕潤。他以蛋白、糖和橙花或玫瑰花水的混合物製作糖霜，並寫道，在完成後，

極致高雅的杏仁膏製鰻魚「*anguillas*」。

它們應看起來「純粹、潔白並且如銀般平滑，質地介於光滑與霧面之間，有如鏡面。」糕點師也使用杏仁膏來製作精緻糖雕的底座。1562 年，伊莉莎白女王收到一座安在杏仁膏點心之上的聖保羅大教堂模型 [18]。對於製作杏仁膏點心感到困難的人們，若經濟條件允許，也可以向糕點師購買現成品。普羅旺斯地區艾克斯著名的特產杏仁糖——可利頌糖（Calissons），便是杏仁膏點心的後裔。

刀、叉與湯匙

在寒冷的冬日，有什麼比品嚐橙皮或是薑蜜餞中陽光的風味，更加美好的呢？在宴席餐桌上，裹著糖衣或灑滿糖霜的糖果點心映照著燭光，耀眼眩目，嚐起來更是動人可口。它們將水果和莓果從季節限定的美味，轉化為全年皆可享受的歡愉，對東道主來說，還外加了炫富這個功能。糖果就像蜂蜜一樣，非常適合作為防腐劑。在商

業性裝瓶或冰箱發明前，食品運送須經過漫長、險峻的海上旅行，廚師們也從經驗中了解到，將水果放在蜂蜜或是糖果中烹調，便能安全地保存，還可以在四季享用。當時的人們喜愛這些保久水果還有另一個原因：當時認爲食用新鮮水果具有風險，而糖果點心則具有醫療效果。威廉・拉比夏（William Rabisha）在著作《烹飪全技藝詳解教學》（*The Whole Body of Cookery Dissected, Taught*, 1673）中寫道：「對生菜沙拉和生水果提高警覺，因爲它們會讓你的主公生病。」[19]

十六、十七世紀食譜書收錄的糖果點心食譜幾乎大同小異，在 1611 年版的《小姐和淑女們的櫥櫃》中納入了一個篇章，收羅了將薑、刺檗（barberries）、醋栗、櫻桃、各類根菜與香櫞（citron），或是紫羅蘭、萬壽菊，以及各種花朵、水果和香料製成蜜餞的方法。大部分的食譜結尾都寫著：「可以保存一整年。」在當時，大部分的廚師皆用糖來保存水果，但迪格比在《櫥櫃》的「將椪梓保存一整年」這篇食譜中，則使用蜂蜜來製作[20]。這類的糖果點心被稱爲濕果蜜餞（sucket）或是乾果蜜餞（succade），其中差異在於濕潤與乾燥。

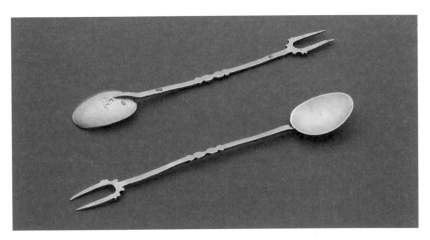

十七世紀美利堅的銀製蜜餞叉。

濕潤的蜜餞指的是以糖漿保存，或是在糖漿中使用的水果、果皮和根莖，它們是宴席料理的一部分，其黏性也導致了蜜餞叉的崛起。乾果蜜餞也在宴席上擔任了一角，其中囊括保存在糖漿、或是後來瀝乾並灑上糖、經烤箱烘烤後的乾燥水果，以及其他類食物。

在《女王的皇家烹飪法》（*The Queen's Royal Cookery*）中，作者 T・霍爾指導廚師，在水果的乾燥過程中，灑上三到四層的糖。論及使用糖的方式，他也寫道：「就跟你要炸魚時，裹上麵粉一樣。」以下是作者的「刺檗蜜餞」食譜：

> 首先將刺檗泡入糖漿保存，接著快速地將它們浸入溫水當中，清洗掉牽絲的糖漿，之後在上頭灑上烤過的糖，並放入烤箱或爐子中，加熱三到四小時，定時翻面，在上頭灑上更多的細糖，並在蜜餞乾燥且外觀形似鑽石之前，絕不讓它們冷卻 [21]。

當時許多食譜都提到了濕果蜜餞特殊醫療效果，在十七、十八世紀的英格蘭和其他歐洲國家，刺芹類植物的塊根——濱海刺芹（sea holly），被視為具有催情效果的珍品，因而廣受歡迎。迪格比使用萵苣和錦葵（mallow）的莖來製作濕果蜜餞。他建議，趁錦葵莖在春季還年輕軟嫩時，將其製為蜜餞，在糖漿中烹煮，接著從火源上取下，隔夜浸泡，第二天再次烹煮。他重複此步驟「六，或八，或九次……直到它們充分吸收糖漿為止。」他接著寫道，你可以將它們保持濕潤狀態，製為濕果蜜餞，或是在爐中乾燥。迪格比個人偏好乾燥、但內部柔軟且濕潤的錦葵蜜餞。「在義大利，人們大量食用這種蜜餞，」他寫道，「這麼一來尿液才會熱又辛辣。」[22]

從古代起，湯匙的用途便是舀湯與粥，它們很可能是從自然界的殼

1747 年為榮耀法蘭茲一世皇帝（Emperor Francis I）所舉行的慶典，設宴四大主要桌席，每席都附有一組精巧的甜點菜色。

狀物演變而來；刀子則是武器，而東道主通常不會爲賓客提供餐具，賓客只好使用各自配刀尖銳的尾端，取用餐桌食物。叉子這項餐具通常帶有兩根分支，過去它們被視爲非必要餐具，常常受到鄙視。但是在十五世紀時，義大利貴族和富商開始使用個人專用叉，來食用濕果蜜餞或是糖果點心。這種蜜餞叉帶有兩根分支，造型纖細，比一般的餐叉還要小，用來戳刺黏稠又乾燥的蜜餞十分方便。針對食用濕果蜜餞的需求，叉子設計成一端帶有分支，另一端則呈湯勺狀，用餐者可以使用叉子端拾起蜜餞，以湯匙端舀取盤底的糖漿。

起初使用叉子被視爲矯揉造作，遭遇了極大反彈。有些人認爲它們違逆宗教，因爲叉子分支不僅形似魔鬼的角，且暗示了食物作爲來自上帝的贈禮，卻不夠格讓我們親手碰觸[23]。不過在歐洲大陸，從義大利到法國、瑞士、德國、荷蘭、英格蘭，以及十六到十七世紀期間的斯堪地納維亞國家中，叉子逐漸被社會大眾接受。到了十七世紀尾聲，麻塞諸塞州波士頓已開始製造銀製濕果蜜餞叉。這些叉子除了實用性高，也極具裝飾性，大部分的蜜餞叉爲銀製，且設計精緻，有些嵌有珍珠母貝、琥珀、象牙或是玻璃珠。在糖果點心叉持續使用將近二個世紀後，十八世紀早期才開始流行三叉的餐叉。

儘管「濕果蜜餞」一詞如今已過時，我們仍享用著薑糖，並將糖漬柑橘皮蜜餞加入布丁和其他的甜料理中。在賽普勒斯、克里克島和希拉的許多村落，糖漿保久水果仍是一道極受歡迎的甜食。這些甜食稱爲「小匙甜點」，市面上買得到，但最美味的仍非自製莫屬。如果你有幸在下午時分前往當地人家中作客，女主人通常會端上一碗閃亮的小匙甜點，搭配一杯冷水。女主人會以李子、櫻桃、橙皮、無花果、葡萄、未熟青核桃（unripe green walnuts）、榅桲或是紅蘿蔔來製作小匙甜點，將食材放入糖漿中烹調，裝進消毒過的玻璃罐

在這家 17 世紀的荷蘭糕餅店中,男性負責烘焙,女性專賣銷售。

中,保存數個月之久,有賓客來訪時,便能隨時端上。這些使用湯匙而非蜜餞叉來食用的甜食,便算是一種有實無名的濕果蜜餞。

法式上菜法及組合式甜點料理的崛起

十七世紀時,歐洲頂層社會的用餐法出現劇變。隨著飲食健康主題的新書與理論崛起、大量食譜經翻譯後廣傳至其他國度,以及體液理論的信仰衰落,種種因素下,糖失去了魔幻的醫療效果,有些人甚至將它與我們今日所知的糖尿病聯結在一起。鹹食與甜食開始出

現區分，糖不再和於鹹料理中，也不再於餐期中頻繁出現，而是逐漸移至一餐的尾聲。但是這不代表糖的食用量減少，由於新世界的大量種植、奴隸勞力，以及精煉糖廠的增加，糖走入了更廣的社會階層，不再被上流階級獨佔、逐漸普及化，幾乎所有人都能享用，尤其在為咖啡、茶和巧克力等新飲品（對歐洲人來說）添加甜味時，非常實用。上菜方式也在此時出現了改變。法式上菜法不只在法國成為主流，也逐漸擴散到全歐洲。過去的餐桌可見一次端上多道料理的大排場擺法，現在則將料理精心地對稱擺上桌。食譜書通常會在食譜與菜單之後，附上料理在餐桌上的排列圖，以確保擺設正確。正式晚宴時，一切井然有序，每道料理都有自己的歸屬之處。

大部分時候，會端上三到四組菜（course），每組至少具備一打的料理。食譜往往會針對擺設位置給予建議，或在角落、或於宵夜餐桌的中央，或是豪華晚宴桌上的正中心。第一組的主角是湯，盛裝於一個精巧的含蓋湯碗中，擺放在餐桌正中央，若需要餐碗，則會在餐桌的兩端各擺上一個，中央則端上較小的肉拼盤。餐桌的四個角落擺上中等大小的各類食物拼盤，穿插擺放較小的拼盤。八道開胃小菜（hors d'oeuvres），則安排在主要料理旁，而用餐者的座席會安排在餐桌邊緣。

用畢第一組料理後，桌上料理會被第二組菜色取代，此時餐桌正中央將擺上一大盤烤肉，這一道可為肉或魚，也不一定要以烤的方式烹調，可使用其他方式準備，但必須為整組菜色的主軸。根據料理的擺盤計畫，烤肉週遭也會環繞其他較小的料理。第三組菜色則會在中央擺上視覺效果最為驚人的甜點，周遭環繞著小樣的甜食料理。更精緻講究的晚餐，則會在展示過一系列不同的「換場點心」後，才端上最終的一道甜點。

這一張 18 世紀的西班牙甜點桌，設席共三十人。

在最富麗堂皇的場合，第一道菜色會由主廚（*cuisinier*）於廚房或是烹調廚房（*cuisine*）中準備；甜點爲辦公室（*the office*）的責任範疇，這是一個較小，溫度也較低的廚房；冷盤廚房廚師（*officier*）則會準備果凍、杏仁膏、鮮奶油和其他冷盤料理，並創作糖藝。十八世紀開始廣爲流行的巧克力、冰品以及蛋糕，也由冷盤廚房廚師來製作。透過當時的食譜書和廚房，我們得以一窺此種分工方式，由主廚所撰寫的食譜書，鮮少會納入甜食。在法國，「*cuisine*」和「*the office*」都由男性工作人員組成，而在王政復辟之後，往往多爲法國男性。然而，在較小的家戶，或是在英格蘭的冷盤廚房、蒸餾室（stillroom）和乳製品廚房中，女性也有機會能擔任廚師[24]。義大利的富裕家庭會雇用在法國受訓過的法籍或義籍廚師，在西西里島和拿坡里地區

稱其爲「*monzus*」，也就是法語「*messieurs*」（對男性的尊稱）的訛誤詞。到了十九世紀時，法國廚師遍及全歐洲各宮廷廚房，與此同時，許多法文食譜也被翻譯成英文、德文、瑞典文等其他語言出版，法式烹飪風格和食譜隨之傳播開來。

一直到十八世紀中，人們才開始使用「主廚」（chef）一詞。十八世紀最具影響力且最多產的食譜書作家之一 —— 法蘭索瓦・米農（François Menon）在其著作《宮廷晚宴》（*Les Soupers de la cour*）中，便自稱爲主廚 [25]。行政主廚（*chef de cuisine*）成了主掌廚房的頭銜；辦公室主廚（*chef d'office*）或是糕點師（*pâtissier*）則主掌糕點廚房。

十七世紀的烹飪變遷，可以從當時的食譜書推敲一二，在義大利著名主廚巴托羅米歐・斯卡皮（Bartolomeo Scappi）的著作《工作》（*Opera*, 1570）、日耳曼的馬克斯・倫波爾特（Marx Rumpolt）廚師的《一本新食譜書》（*Ein New Kochbuch*, 1581），以及英格蘭作家休・普拉特（Hugh Platt）的《給仕女的點心》（*Delights for Ladies*, 1600）中，皆有作出預告。不過，正式爲中世紀烹飪劃下句點，並迎來廚藝新時代的關鍵，還是應歸功於法蘭索瓦・皮埃爾・拉瓦雷納（François Pierre La Varenne）所撰寫的《法國廚師》（*Le Cuisinier françois*, 1651），他的書寫方法、分類系統和新食譜爲烹飪書籍立下了新標準。本書在 1653 年時翻譯爲英語，並在接下來的 75 年間持續再版，在該書出版的短短兩年後，又出版了另一本《法國糕點師》（*Le Pâtissier françois*），儘管後世對該書作者的身份仍有所爭議，但一般普遍認爲也由拉瓦雷納撰寫。無論如何，此書都爲辦公室的作業進行了系統性編排，作者也針對不同糕餅麵糰和卡士達醬的重量、度量衡和溫度，附上了詳細的說明。《法國糕點師》提供了馬卡龍、甜派和塔、海綿蛋糕和酥皮點心的食譜，這也是第一本提到小烤箱

18世紀這家存貨量豐富的倫敦商店，其產品目錄刊登著糖、巧克力、咖啡和茶等時髦廣告。

「*petit fours*」的書本，十九世紀時，法國著名的糖霜迷你蛋糕便是以這種小烤箱命名 [26]。

糖藝的運用，是評價一位糕點主廚的關鍵要素，因此許多西點食譜書和專業手冊都會在開頭介紹糖滾煮的各個階段。法蘭索瓦·馬西亞洛（François Massialot）不論在行政廚房還是糕點廚房中，都算是專家，而 1692 年的著作《果醬、利口酒與水果新指南》（*Nouvelle instruction pour les confitures, les liqueurs, et les fruits*）中，則以糖的選擇、澄清以及烹飪應用作為開場。他描述了烹調糖漿的六種階段：牽絲（*lissé*）、珍珠（*perlé*）、吹氣（*soufflé*）、羽毛（*plume*）、破裂（*cassé*）、以及焦糖（*caramel*）。當時的廚師沒有溫度計，因此能夠辨別這些差異，更令人佩服了。分辨各階段的方式，在於觸碰、聞嗅與糖的外觀，跟其他同期的西點師相同，馬西亞洛會在糖烹煮的某些階段，將食指浸入熱糖漿中，並用食指碰觸拇指，再將兩指分開。他利用牽絲的密度，以及絲線斷裂所需的時間，來判斷糖漿屬於何種階段。

馬西亞洛的書很快就被翻譯成英文，並且對當時屬於貴族階層的英格蘭輝格黨（Whigs）產生了巨大的影響力，他們十分欣賞這種時髦的法國風格。1702 年，《新皇家及布爾喬亞廚師》（*Le Cuisinier roïal et bourgeois*）被翻譯成了英文版的《宮廷與鄉村廚師》（*The Court and Country Cook*）。該書分為兩部分，在第一部中，馬西亞洛列出了一頓一月晚餐的菜單項目，但卻在描述第三組菜色時寫道，「這一道須由水果和康菲蜜餞組成，對此我們不加敘述。此責任屬於另一位辦公室主廚的範疇，並非行政主廚的工作。」[27]

名為《糕點師新指南》（*New Instructions for Confectioners*）的篇章，則以糖的烹調階段作為開場，且附有如何在糖漿中保存水果，以及

製作柳橙醬、果凍、康菲蜜餞和杏仁膏點心等諸多食譜。除了常見的經典食譜，還納入了一些當時流行的食譜。有些蛋白霜食譜內填滿了蜜餞，組裝在一起，便成了「雙胞胎」（twins）。馬西亞洛也提供了酥皮糕點、馬卡龍食譜，並以「一道由甜杏仁、糖和蛋白所組成的特別糕點」來形容它們，還有一道食譜將威化餅透過一種特製的專用木頭器具捲成錐狀。在宴席擺設的篇章中，馬西亞洛建議，將裝飾精美的小籃子裝滿糖果點心，讓賓客帶回家與親友分享，還建議賓客只食用柳橙醬等製成的液態糖果點心或是新鮮水果。還有另一個名為「糖果點心可能會遭遇的意外，以及補救它們的正當措施」篇章，專為曾在製作甜點時犯錯的人們排難解疑 [28]。

改變並不簡單

甜點在成為一道獨立料理的變革之路上走得十分緩慢。曾經在曼托瓦宮廷貢薩格家族擔任首席廚師的巴托羅繆・斯岱凡尼（Bartolomeo Stefani），於 1662 年出版了《優良烹飪的藝術與指南》（*L'arte di ben cucinare, et instruire*），此書中仍以麝香、龍涎香和玫瑰水作為調味，並提供康菲、南瓜、香櫞蜜餞和各種水果和花朵製成的保久甜品作為甜點 [29]。

富有影響力的派崔克・藍卜（Patrick Lamb）曾是查爾斯二世、詹姆斯二世、威廉國王和瑪莉女王夫妻，以及安妮女王的宮廷廚師。他在 1710 年的著作《皇家烹飪術；全方位宮廷廚師》（*Royal cookery; or, The Compleat Court-cook*）也仍遵循過往的烹飪習慣。書中描繪的許多餐桌設置，都在同組菜中融合了甜鹹風味。在一場婚宴晚餐計畫中，餐桌中心的榮譽地位留給了一座巨大的糖果點心金字塔，兩側擺著幾份小碟果凍。然而，環繞著它們的卻是各種雞肉、羊肉和其他鹹味料理，還有起司、蛋糕和卡士達。

高聳的金字塔糖果點心，往往會作為餐桌主角。為了要讓驚險的危樓結構保持穩定，每隔幾層可以插入一個盤子。這種點心盤又稱作「pourcelaines」，除了陶瓷材質外，也可為銀、白鑞或錫製。塞維涅夫人（Madame de Sévigné）撰寫了許多關於十七世紀法國上流社會資訊與八卦的書信，其中一封信描寫到，一場晚宴上，災難降臨在其中一座搖搖欲墜的金字塔上。她寫道，這座金字塔由二十張點心盤堆疊而成，當它倒下時，震天的聲響壓過了現場的樂聲 [30]。

正當法式上菜法風行全歐洲，有些英格蘭廚師卻對此懷恨在心。英國廚師在其著作開篇，大肆抱怨法國食物的豪奢，並寫到英格蘭肉類及農產品的優越，甚至要求讀者避開外國料理，雖然書中仍附有這些料理。對英格蘭廚師來說，上層階級偏好雇用法籍廚師，並提供比英籍廚師更高昂的薪水，當然感到忿忿不平。《都市與鄉村廚師全攻略；有教養的家庭主婦》（*The Compleat City and Country Cook; or, Accomplish'd Housewife*）的作者查爾斯‧卡特（Charles Carter）記錄到，他曾為公爵、伯爵下廚，並在法蘭德斯、柏林、西班牙和葡萄牙，以及英格蘭任職過。他對法國的影響力深感不悅，並寫道：

> 我國貴族和上流社會人士有些過於依賴法式習俗和法式烹飪，他們認為若不聘請一名外國廚師，便無法享用一頓大餐。外國廚師面對祖國的貧困（與我們國家相比），以及其國民無禮的脾性與變化無常的品味（口味），只能犧牲創作來隱藏其本性，在種種限制下，他們對烹飪之藝的追求隨之下降，與其說是悅人口舌，不如說是令人困惑 [31]。

卡特大部分的餐點計畫都是由兩組菜色所組成的晚餐，第二組料理以一道甜派或塔擔任主角，周圍環繞著各種鹹料理。但在一特殊場合上，他卻提供了一組額外的甜點料理，並將其稱作「*Desart*」。這一組甜點的中心主角是糖果點心金字塔，以檸檬、開心果鮮奶油、餅乾、水蜜桃、油桃、杏桃、果凍，和一種稱作「乳酒凍」（syllabubs）的鮮奶油作為點綴。當然也有對法式食品表達讚賞的英格蘭人，例如撰寫農業領域書籍的亞瑟・楊格（Arthur Young）曾在法國大革命期間旅行至法國。儘管他懼怕即將到來的大革命，卻對法式生活的藝術表示讚許。他寫道：

> 對於他們的烹飪，我們只能懷抱下列看法：在歐洲，任何負擔得起一頓大餐的人，要不是雇用一位法籍廚師，就是習得法國烹飪之道的廚師……這些廚師對於一百道料理，有一百種不同的調味方法，且大部分都極為優異……在英格蘭，唯有盛大場合，或是規模較小的正式招待場合，我們才有機會品嘗正規的甜點；但在法國，不論晚餐規模大小，甜點都是基本配置。就算內容只是乾葡萄，或是一顆蘋果，甜點都跟湯一樣，是尋常的正規菜色 [32]。

一道糕點，一座建築

當時的餐桌佈置，主要追隨當代的藝術風格。十七世紀的糕點主廚設計了巴洛克風的糖果點心金字塔，接著在十八世紀，則被新古典主義風的雕像所取代，在浪漫主義時期的餐桌上，還能看見破碎的古典遺跡擺飾 [33]。可想而知如此具有藝術性的糖雕，便是專業糕點主廚的標誌物，而當時的一代大師便是通稱安東尼・卡漢姆（Antonin Carême）的馬利－安托萬・卡漢姆（Marie-Antoine Carême）。卡漢姆是史上第一位明星主廚，也是法國廚藝之卓越和高雅的化身。他

集行政主廚和糕點主廚兩種技能於一身，並以精緻的糖雕，或稱展示品「*pièces montées*」著稱。他創作了具藝術性、且往往符合建築原理的料理，作爲擺放在餐桌正中央的裝飾，從法國、英格蘭到俄羅斯，這些裝飾性料理無不爲他手下的壯麗餐桌大添光輝。

卡漢姆的職涯可說是出人意料。在殘暴的法國大革命期間，小卡漢姆被雙親遺棄在巴黎街頭，對孩童時期的他來說，能存活下來已是不幸中的大幸。他憑著機智，在廚房找到工作，隨後被一名糕點師傅收爲學徒，他不僅僅學成技藝，還在國家圖書館研究藍圖，自學建築學，最終使用糖、糕點、西點膏（confectioner's paste）和杏仁膏，在餐桌上重現建築設計。他也被認爲是首位使用擠花袋擠出杏仁膏的人（在此之前，糕點師只使用湯匙進行雕塑。）。

卡漢姆認爲烹飪是建築學的一個分支，並以「法國烹飪界的帕拉底歐」[*]的稱號爲豪。1821 年，他在維也納爲一場洗禮慶祝晚宴製作了一棟羅馬式莊園、威尼斯噴泉、位在橋上的愛爾蘭涼亭，以及暴露在險峻岩石上的波斯涼亭，這些還不包含在從湯到果凍，由 32 道不同料理所組成的出餐菜單之中。他編撰了法式醬料系統，並讓舒芙蕾、巴伐利亞鮮奶油（Bavarian cream）、內索羅德布丁（Nesselrode pudding）和其他諸多我們今日仍熟悉的甜點廣爲流行 [34]。

卡漢姆在職涯期間，曾在拿破崙和外交大臣查理－莫里斯·德·塔列朗（Charles Maurice de Talleyrand）、俄羅斯沙皇亞歷山大一世、英格蘭的攝政王子以及巴黎的羅斯柴爾德家族手下工作過。他在諸多著作中，分享了廚房組織系統、食譜和個人創作，影響範圍不容

---

* 譯註：Palladio of French Cuisine，帕拉底歐為義大利文藝復興晚期，極具影響力的建築師。

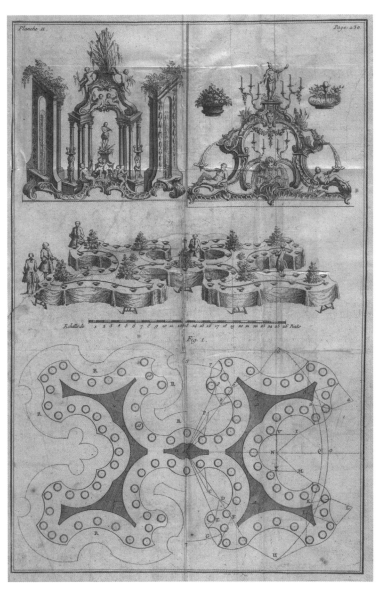

法國西點師喬瑟夫‧吉里耶（Joseph Gillier）在 1768 年的著作《法國糖藝師》（*Le Cannameliste français*）中，為甜點和餐桌設置的詳細配置圖。

小覷。卡漢姆撰寫並繪製了許多書籍，包括《巴黎皇家糕點師》（*Le Pâtissier royal parisien*, 1815）、《栩栩如生的藝術蛋糕》（*Le Pâtissier pittoresque*, 1816）、《法國餐宴總管》（*Le Maître d'hôtel français*, 1822）、《巴黎廚師》（*Le Cuisinier parisien*, 1828），卡漢姆去世時不逾五十，他的最後一本著作《法國十九世紀烹飪藝術》（*L'Art de la cuisine française au XIXe siècle*），是在1833年他過世後才完成出版的。

俄式上菜法

在十九世紀期間，法式上菜法的缺點變得越發突出。隨著拘謹的社會風氣逐漸鬆綁，法式上菜法顯得有些刻意。撇除餐桌擺設的藝術效果不談，每次上菜時桌上仍擺著大量食物，導致許多料理在人們大快朵頤之前便冷掉了。當時，俄羅斯採用的順序上菜法（sequential service），正如今日大部分餐廳的裝盤上菜方式。由於料理數量減少，因此能確保餐桌上的食物維持適宜的溫度。俄式上菜法重視用餐大於擺設，此風格從俄羅斯傳至法國、德國、英國，最終來到了美國。由於曾經在俄羅斯工作過，卡漢姆十分了解法式上菜法的缺點，以及俄式上菜法的優點，不過，他仍然偏好法式上菜法，因為此風格讓他得以大展技藝。

儘管未受卡漢姆青睞，在法國大革命過後的十九世紀下半葉，較為簡單又實際的俄式上菜法逐漸成為主流。像卡漢姆等主廚這樣美輪美奐的擺盤設計幾乎消聲匿跡，餐桌上的鮮花取代了糖雕宮殿和堆疊的點心盤塔（*pourcelaines*）。有時人們仍會將一道精美的甜點展示於餐桌或另一張邊桌，用來增加用餐時的視覺享受，但是高塔狀、搖搖欲墜（有時真的會倒下）的甜食建築，終究走到了終點。

1874 年一席以俄式上菜法設置的八人晚餐。

許多國家在一餐的尾聲可能會端上兩道甜點。在法國，換場點心由
巴伐利亞鮮奶油等料理組成，隨後還會上一道由蛋糕或水果所構
成的甜點。在英格蘭，倒數第二道菜通常會是一道派或是塔，接著
會移除桌巾，並端上第二道甜點，內容為水果、堅果和糖果點心。
1737 年出版的《女人的職責；無比可靠的女性指南》（*The Whole
Duty of a Woman; or, An Infallible Guide to the Fair Sex*）中寫道：

> 甜點端上桌前，必須小心地確認餐桌已完全清空，上層的桌布也
> 撤除，桌面只剩下中層的皮革和底層的桌布。再端上乾燥的糖果
> 點心、裝於玻璃杯中的糖果點心和水果，以金字塔的方式堆疊，
> 或是如大盤肉類一樣的擺放方式[35]。

數年後，有些作家開始建議，移除桌布後再端上糖果點心，還可以炫耀昂貴的桃花心木餐桌。十九世紀中期，著名的主廚和改革家亞列西斯‧索耶（Alexis Soyer）出版了《現代家庭主婦或家政》（*The Modern Housewife or Ménagère*），書中除了有將近一千道的食譜，還附上了一系列 B 太太和 L 太太之間的虛構信件，內容討論家政管理和高尚的宴請方式。B 太太在其中一份信件中提及，晚餐宴請朋友時，會在端上甜點時移除桌布。她解釋道：「B 先生喜歡觀賞桃花心木製的餐桌，尤其是邀請城市的朋友來家中作客時，在桃花心木桌邊坐下，若看不見桃花心木本身，豈不是白費工夫嗎？」[36]。

以一道獨立且特別的甜點為晚餐作結，成了歐洲大部分地區和英格蘭的常態，但仍非所有地區都如此，例如當時的土耳其，晚餐包含了甜食和其他繁多的料理，就跟其他國家過去一樣，然而到了十九世紀晚期，歐洲人已經習慣甜鹹分開的用餐方式，因此，若在一餐當中端上了甜料理，他們可是會不知所措的。

來自土耳其的甜點驚喜

十九世紀時，阿格妮絲‧藍姆齊夫人（Lady Agnes Ramsay）與著名的英格蘭考古學家丈夫一齊前往土耳其，並在《土耳其日常生活》（*Every-day Life in Turkey*）一書當中記述了旅行經驗。她主要描寫自己和丈夫在村落中，往往得在帳篷或是不甚怡人的小旅館中過夜的經驗。根據她的個人觀點，土耳其人們「樸實、和平、好客又友善」，她想要導正許多歐洲人對土耳其人的負面觀感。她受邀到當地人的家中，甚至還造訪了一座後宮。藍姆齊夫人幾乎喜愛所有當地食物，從樸實無華的優格餐點、麵包、番茄和橄欖，到精緻的多道料理晚餐，無一不愛，她特別讚賞土耳其的甜食。不過，在一次晚餐時，

她卻苦惱地發現，送上充滿鮮奶油的果仁蜜餅（baklava）之後，晚餐居然還沒告終，事實上，正餐才剛開始呢。

她並不喜歡第一道端上的米飯料理，但十分享受下一道烤小牛肉。她將其喚作「肥小牛」（fatted calf）。隨後端上了一道她以為是最終甜點的料理——「《天方夜譚》中的鮮奶油塔」。她寫道：

> 這道塔直徑有十八吋寬，塔皮是閃耀的金棕色。無比精美又輕盈的酥皮薄片，與濃郁鮮奶油餡料雅緻的香氣，我簡直無法用言語來描述！要充分享受這道鮮奶油塔，只有親口品嘗方能體會。我的童年夢想終於實現了。

正當藍姆齊夫人準備起身離席，令她大感驚訝的是，居然還有許多料理沒端上。下一道是土耳其釀菜（dolmadhés），她說道：「當你肚子餓時，這是道美味的料理，但此時的我已經吃飽了。」接著又端上蜂蜜煮櫻桃、填有開心果餡料的烤小山羊，以及更多的甜食、家禽肉、蔬菜和水果。肉類和甜食以「駭人的順序」交錯著端上，「……日光隱沒，燈光點亮，這場可怕的宴席卻仍不止歇。」終於，上了一道香料飯，夫人如釋重負地寫道，「在土耳其，香料飯總是最後一道料理。」然而此處卻是夫人弄錯了 [37]。
甜點不一定總在恰當的時機端上桌 *。

---

* 譯註：藍姆齊女士和瑪莉 · 渥特莉 · 孟塔古夫人（Lady Mary Wortley Montagu）一樣，兩位都誤會了，後者在 1718 年的四月，從阿德里安堡寄了一封信，寫到湯並非總是土耳其晚餐的最後一道菜，而她並未提及甜點。然而，湯和抓飯皆不一定是最後一道菜餚，通常會是水果。

果仁蜜餅，藍姆齊夫人喜愛的土耳其糕點之一。

現今在希臘基爾基斯（Kilkis）的塞薩洛尼基麵包店（Serraikon bakery）中，女師傅們親手延展油酥麵糰，來製作藍姆齊夫人所享用的薄脆酥皮糕點。他們會在空中旋轉麵皮，直到麵皮放置於文字上方仍能透出文字來閱讀的薄度為止。

第 三 章

乳製品帶來的歡樂時光

鮮　奶油就像玫瑰，不論用何種名字來稱呼，聞起來、嚐起來都是如此香甜。鮮奶油種類細數不盡：英式蛋奶醬（crème anglaise）、加泰隆尼亞焦糖奶凍（crema catalana）、切片鮮奶油（leache）、白雪（snow）、乳酒凍鮮奶油、卡士達、蛋奶點心（flan）、卡士達布丁（flawn）、奶油伴水果（fool）、牛奶布丁、巴伐利亞鮮奶油、凝脂奶油、香緹鮮奶油（crème Chantilly）、義大利蜂蜜奶油（lattemiele）、奧地利鮮奶油（schalgober）、義式奶凍、葡式焦糖布丁（pudim flan）、葡式絲絨焦糖布丁（pudim veludo）、烤布蕾……等，名單可還長得很呢。鮮奶油的別名不勝枚舉，而不論是在英格蘭還是阿根廷，巴塞隆納還是布魯日，鮮奶油的出現不僅逗樂了嬌生慣養之徒、餵飽了飢餓之民，也撫慰了疾病纏身之人。

雖然奶油料理普遍受歡迎，歷史上的聲望卻大起大落。某些時期，它們被視為樸實老百姓的食物，在其他時代，卻大多屬於上層階級才負擔得起的奢華享受。十七到十八世紀期間，英格蘭的圈地法規（Enclosure laws）禁止起村落的公用放牧土地，僅供富裕的地主私用，對偏鄉的貧窮居民而言，乳製品變得昂貴且難以負擔，導致當地孩童常患軟骨病（rickets）。然而，仕紳階級不僅擁有乳製品，還沈醉其中，本來奶油料理算是樸素的家常菜，從此以後，牛奶布丁和乳酒凍等料理卻在上層階級掀起了一股風尚。

和乳製業相關的事物一躍成了新時尚。大眾理想化擠奶女工，將她們與純潔和女性氣質聯想在一起。富人們珍藏起繪有擠奶女工身姿的故事書和壁掛版畫，畫中描繪裝束別緻、皮膚晶瑩剔透的擠奶女工，裙裝下擺露出精巧的蕾絲邊襯裙。就算擠奶女工眞的買得起這樣的服裝，穿成這樣根本就難以擠奶，或搬運成桶的牛奶上市集。

乍看之下樸素的甜點釀起新風潮，帶有休閒娛樂性質的製乳廠（pleasure dairies），紛紛在英格蘭、法國和俄國等地的大莊園崛起。貴族仕女建置製乳廠，用以享受田園生活、招待朋友、飲用新鮮牛奶，或親手體驗鮮奶油的製作。在法國，娛樂性製乳廠（*laiteries d'agrément*）與實際營運的預備製乳廠（*laiteries de préparation*）是分開設置的，用以隔離乳牛臭味等較不愉快的體驗。

十六世紀中期，凱薩琳・德・麥地奇（Catherin de' Medici）在楓丹白露宮所設立的娛樂性製乳廠，便是最早的娛樂製乳廠之一。瑪麗・安東尼（Marie-Antoinette）因曾在凡爾賽宮扮演擠奶女工而廣爲人知，她在香緹、勒蘭西和法國其他地區也擁有自己的娛樂性製乳廠 [01]。1783 年，俄羅斯女大公爵瑪麗亞・費奧多蘿芙娜（Maria Feodorovna）在聖彼得堡附近的宮殿中也建造了一座 [02]。英格蘭大莊園中的娛樂性製乳廠又稱作裝飾性製乳廠（ornamental dairies），其形象稍沒那麼輕浮，廠旨在於表現地主對土地的關切、管理人對地產的責任，以及對鄉村價值的投入。

各地的娛樂性製乳廠大多由女性專責，使女性在家園中的地位更加穩固，能隨心所欲地投入相關的勞務，或招待客人。儘管此業發展已有一些時日，娛樂性製乳廠在十八世紀期間格外受歡迎，反映了浪漫主義回歸自然與簡樸生活價值的流行，這樣的生活風格也受哲

1688年版畫《倫敦街頭的呼喚》（*Cries of London*）描繪了諸多街頭小販，而這幅《歡快的擠奶女工》
（The merry Milk Maid）便是其中之一。

學家盧梭的寫作影響。然而，這些建築卻毫無任何節制之處，它們由當時最知名的建築師所設計，重現了希臘神殿、歌德城堡和瑞士小木屋的外型，製乳廠以大理石或岩石建造，牆上鋪有韋奇伍德壁磚，或以田園繪畫裝飾，內有優雅的噴泉和大理石櫃檯。十七世紀晚期，瑪莉二世在漢普頓宮設立了一座裝飾性製乳廠，使用來自威廉國王家鄉荷蘭的藍白色台夫特（Delft）磚作為裝飾，從此在英格蘭啟動了新風潮。1786 年，史賓賽伯爵夫人（Countess Spencer）位在北安普頓奧爾索普莊園上的製乳廠，便以浪漫主義田園風格打造[03]；數年後，貝德福公爵（Duke of Bedford）在沃本莊園建了一座精緻的中國風製乳廠；1858 年，亞伯特親王（Prince Albert）在浮若閣摩爾莊園，則建了一座維多利亞歌德風格的製乳廠，壁飾馬爵利卡陶磚（majolica-tiled）與彩繪玻璃窗。

在製乳廠招待賓客的概念，也向下傳播至其他社會階層。十九世紀以撰寫《家務管理之書》（*The Book of Household Management*）而聞名的英格蘭作家伊莎貝拉‧畢頓（Isabella Beeton），寫作對象便是中產階級家庭，而非王室貴族。然而，就算是這本大眾暱稱為「畢頓太太」的書，也將製乳廠稱為「擠奶女工管轄的聖殿」，並如此描述：由於賓客和家中女主人有時會拜訪，製乳廠不僅應一塵不染，還要「別緻並具觀賞價值」[04]。製乳廠是淑女們款待鄰居、展示精緻陶器、製作乳酒凍和英式牛奶布丁（flummeries），並端上乳製料理招待朋友的時髦場所。不論如何，此地無庸置疑是淑女們享受美味奶油甜點的地方。

菁英鮮奶油（CRÈMES DE LA CRÈME）

隨手翻閱食譜書，都能見到鮮奶油料理的身影。1718 年，瑪莉‧伊

浮若閣摩爾皇家製乳廠中的製乳房，位於溫莎堡附近。

爾斯夫人（Mrs Mary Eales）出版了第一份英語冰淇淋食譜。她的指示如下：「取冰錫罐，填滿任何一種你喜愛的鮮奶油，或原味或甜味，或含有水果……」，接著解釋冷凍的過程。她的說明已非常明確，因為在翻到冰淇淋食譜之前，前面的篇幅收錄了超過一打的各類鮮奶油食譜，口味從杏仁、開心果到「各種水果鮮奶油」皆有，不論哪一種，都可以當作冰淇淋基底。伊爾斯夫人的鮮奶油食譜中，有一道「鱒魚鮮奶油」（Trout-Cream），值得慶幸的是，這道鮮奶油不需要使用魚來製作，而是以橙花水調味，用模具塑形成魚的形狀，再用打發鮮奶油裝飾外圍後端上桌。廚師們一向喜愛將食物偽裝成其他事物，在冰淇淋普及化後，這項習慣達到了頂峰 [05]。

法蘭索瓦・馬西亞洛 1702 年的著作《宮廷與鄉村廚師》中，記錄了將近十二種的鮮奶油，介紹如下：「鮮奶油種類繁多，具體如下：杏仁和開心果，焦奶油、脆奶油、煎奶油、義式風味鮮奶油和其他種類的鮮奶油。」他製作出一種巧克力鮮奶油，以及一種糕點鮮奶油，通常用來製作派和塔，並以麵粉調製變濃厚。在齋戒期間禁止使用牛乳時，馬西亞洛會先將杏仁搗碎後過濾，製作出杏仁奶，再繼續製成鮮奶油。他的焦奶油作法與今日的烤布蕾製作方法相似，唯獨在使頂端達到焦糖化效果的工具有所不同。他指示廚師「用加熱至火紅的火鏟來烤焦鮮奶油，為它添上美麗的金黃色。」[06]

馬西亞洛的「巧克力鮮奶油」食譜，在現代美國會被稱為巧克力布丁。食譜中提到的「騰沫」（walm）一詞，指的是泡泡或者沸騰，不過蛋液經鍋炒後，這類混合物理應無法達到沸騰。或許，馬西亞洛是指燉煮，而非沸騰，又或者，他要求讀者過濾混合物，正是因為蛋被炒散了。

取一夸脫的牛奶與四分之一磅的糖，一起滾煮四分之一小時；將一顆打好的蛋黃加入鮮奶油中，並經過三至四次騰沫。從火源取下並與巧克力混合，直到鮮奶油透出巧克力色為止。之後可以放回火源上再經過三至四次騰沫，使用篩網過濾後，依喜好擺盤裝飾 [07]。

1913 年，阿爾岱西斯・H・齊歐萊恩（Ardashes H. Keoleian）出版了一本名為《東方烹飪書：有益身心、精緻又經濟實惠的東方料理，特別為美國口味和備料方式而改寫》（*The Oriental Cook Book: Wholesome, Dainty and Economical Dishes of the Orient, especially adapted to American Tastes and Methods of Preparation*）的食譜書，其中包含了一道「含奶油果仁蜜餅」的食譜，跟藍姆齊夫人在《土耳其日常》中所描述並享用的奶油餡料果仁蜜餅一樣 [08]。另一本 1966 年的葡萄牙裔美國食譜書，則在基本卡士達食譜中，添加了一杯波特葡萄酒 [09]。鮮奶油的變化可謂永無止盡。

一口吃喝鮮奶油

「奶酪」（possets）作為溫暖又充滿乳脂的酒精飲料，最早可以追溯至十六世紀。奶酪通常作為睡前酒飲用，可在床上啜飲以達助眠效果。馬克白夫人（Lady Macbeth）準備了毒奶酪酒讓鄧肯（Duncan）的侍衛飲用，待他們呼呼大睡，馬克白便趁機謀殺國王。不過一般來說，奶酪沒有這麼可怕啦。

熱奶酪酒最早使用牛奶與艾爾啤酒、烈性紅酒、波爾多淡紅酒或柳橙汁以及糖來製作。尋常百姓將飲料製成奶酪，並加入麵包屑，變成可食用的料理。貴族們則使用鮮奶油、烈性紅酒或白蘭地、蛋、餅乾碎屑或是杏仁碎來製成奶酪 [10]，而有些廚師會使用薑、肉

荳蔻和肉桂進行調味。《經驗豐富的英格蘭管家》（*The Experienced English Housekeeper*）作者伊莉莎白·拉法爾德（Elizabeth Raffald）選用玫瑰水調味奶酪，並用瓷碗盛裝上桌。她寫道，「端上桌時，加入三顆馬卡龍，懸浮在頂端。」[11] 一道優質的奶酪會分作三層：分別爲漂浮在頂端的「優雅」泡沫鮮奶油層，中層爲滑順卡士達，底部則是溫熱的艾爾啤酒或烈酒。爲了讓食用者能用湯匙舀取頂端的泡沫和中層豐富的鮮奶油，帶有吸嘴的奶酪杯因此誕生。從此以後，人們得以從接近底部的吸嘴，來啜飲杯中液體。最精緻的奶酪壺爲陶瓷或是銀製，並附有蓋子和盆子，非常適合送禮。

乳酒凍則是奶酪的近親，製作方法是將牛奶或鮮奶油倒入加甜的蘋果酒、葡萄酒、酸柳橙汁或是另一種酸性液體後，使鮮奶油凝結而成。奶酪和乳酒凍之間最大的差異，便在於奶酪會先經過烹調，再趁溫熱端上桌，而乳酒凍則（幾乎總是）不經烹調，並在冷卻或冰冷狀態下端上桌。這兩種飲料都是所謂的含乳烈酒——蛋奶酒（eggnog）的親戚。乳酒凍（syllabub）也寫作「*syllabub*」、「*sullabub*」、「*sullybub*」、「*sillie bube*」和「*sillybob*」。法國廚師則使用像是「*syllabub solide*」和「*syllabub sous la vache*」等辭彙來稱呼它 [12]。許多食譜會指示廚師將蘋果酒倒入一個潘趣碗（punch bowl）中，加入甜味，接著帶到一頭乳牛旁，直接將牛奶擠入容器當中。新鮮溫熱的牛奶噴入蘋果酒中，將產生泡沫，接著讓混合物靜置一至兩個小時，等待泡沫來到上層爲凝乳、下層爲乳清的狀態。有時候會在上桌前的最後一刻，在頂端倒上新鮮鮮奶油。

不久前，英格蘭食物史學家艾文·戴（Ivan Day）才徵用一頭乳牛，以此古法製作出乳酒凍。他作出下列結論：儘管成功製作出乳酒凍，此製作方法卻比早期食譜作家所描述的還要更加可疑。根據這段經

附有杯蓋的英格蘭陶製奶酪杯，具有保溫效果。

驗，戴提出，當時的食譜作家們很有可能只是抄寫了更早期的食譜，並非親自使用乳牛來製作過乳酒凍[13]。可能因為製作過程過於困難，或是身邊沒有乳牛，有些食譜則建議將牛奶或是鮮奶油從高處倒入蘋果酒或紅酒中，創造出泡沫，而不是從乳牛身上擠入液體中。還有人利用一種稱作木牛（wooden cow）的針筒型器具，以足夠的壓力將牛奶擠入液體中，創造出泡沫混合物。

打發乳酒凍（whipped syllabub）成了十八世紀甜點桌上的亮點，透過快速將鮮奶油和葡萄酒混合物攪拌在一起，直到頂端生成一層泡沫來製作而成。製作時會刮取泡沫層，再經過篩網過濾，並不斷重複此過程，直到全部過濾完畢。泡沫可能需要經濾網瀝乾數小時、甚至長達一天的時間，直到完全乾燥並準備端上桌為止。拉法爾德

夫人會在玻璃杯中裝入一半或紅或白的葡萄酒，接著在每杯頂端加上一球打發乳酒凍端上桌，看起來十分漂亮。乳酒凍就跟奶酪一樣，通常也盛裝在附嘴的玻璃杯中，讓人得以在啜飲同時，用湯匙食用頂端的打發乳酒凍。

乳酒凍還有另一個版本，稱作永久乳酒凍（everlasting syllabub）。製作過程使用較少的葡萄酒，加入濃厚的鮮奶油、糖和檸檬，直接將所有的食材快速攪拌在一起，直到混合物定型為止，泡沫不需經過刮取和過濾，這種乳酒凍也不會分層，有時也成了乳脂鬆糕的配料，而論及保存，就算無法天荒地老，也能維持數日。漢娜・格拉斯夫人（Mrs Hannah Glasse）在《樸素簡單的烹飪之藝》（*The Art of Cookery Made Plain and Easy*）一書中，收羅了「來自乳牛的乳酒凍」、「打發」、「永久」和「固型」乳酒凍等食譜。

固型乳酒凍製作方法

將一品脫白酒、兩顆檸檬榨汁、其中一顆檸檬外皮磨碎加入一夸脫的濃郁鮮奶油中，依個人口味添加甜味，並使用巧克力研磨機研磨，直到均勻濃厚為止。接著裝入玻璃杯或是碗中，靜置於陰涼處直到隔天 [14]。

從十六世紀一直持續至十九世紀，是屬於乳酒凍的時代，作為一道極受歡迎的料理，作家也以乳酒凍之名作為一種象徵。1889 年春季版的《倫敦每日新聞》（*London Daily News*）中，一名作家將當季的新綁帶帽（bonnets）描述為「只不過是泡沫般的蕾絲拼湊而成的乳酒凍」，相信讀者能馬上就理解：新綁帶帽不牢固且充滿摺邊。夏綠蒂・勃朗特（Charlotte Brontë）於 1849 年出版的《雪莉》（*Shirley*）中，有個角色問道：「我何時創作了打發乳酒凍般的十四行詩，或

玻璃碎片般脆弱的詞句了？」如此一句，讀者便能充分了解其意思
[15]。輕盈、富含泡沫的乳酒凍在當時可說是無人不知，提及乳酒凍的
文獻和食譜也遍地皆是。在一首著名童謠的某個版本中，紅心皇后
沒有製作塔派，而梅花皇后則製作了乳酒凍。

奶凍布丁

許多誕生已久的鮮奶油，已從今日的甜點桌上消聲匿跡，但尚有一
些鮮奶油料理仍維持高人氣，或是強勢回歸，有時則改名換姓，有
些料理甚至歷經一場大變身。有道被稱作「切片」（leach）的鮮奶
油，最早可以追溯至十四世紀。「leach」從盎格魯－諾曼文中的切
片一詞而來，因此一份切片鮮奶油（也拼寫作 leache、leche、leech、
lechemeat）就是呈現膠狀且可切片的料理，可能由肉類、蛋或水果
製成。到了都鐸王朝時期，切片鮮奶油演變成以杏仁奶製作的奶凍
布丁。十七世紀早期，推行宗教改革後，寬限了齋戒及避免乳牛奶
等規定，切片鮮奶油也開始以牛奶或鮮奶油製作。切片鮮奶油使用
小牛蹄高湯、魚膠（由特定魚種的魚鰾製成）或是雄鹿鹿角製作成
膠狀，並利用糖增添甜味，以鮮奶油或是牛奶增加濃郁度，通常會
使用杏仁和玫瑰水來調味。

不論是奢侈地以金葉裝飾，還是留白或染成紅色，切片鮮奶油都是
宴席上最受喜愛的料理之一。在宗教改革時期，羅伯特・梅使用了
玫瑰水、麝香、肉荳蔻和肉荳蔻油調味一道切片鮮奶油。凝固之後，
他會以「棋盤方格狀」（chequerwork）進行切片，並宣稱這是切片
鮮奶油的最佳製作方法。

拉法爾德夫人也製作過一道相似的料理，但在 1769 年她的著作

《經驗豐富的英格蘭管家》出版時，料理名稱卻改爲麥片布丁（flummery）。起初，麥片布丁只是膠狀的燕麥粥，通常會搭配牛奶或是鮮奶油使用，後來卻演變爲更加複雜的膠狀布丁，與切片鮮奶油融合，但原料不含燕麥粥。拉法爾德夫人混合甜酸杏仁，並以玫瑰水調味，來製作出基本的麥片布丁。她的麥片布丁十分優雅，製作指示也相當詳細，她使用模具將它們塑形成各種形狀，而非切片端上桌。並指示讀者切記將模具於冷水中浸濕後，再倒入混合物，如此一來，將成品脫模時，便不需再浸入溫水當中——「這樣會磨損麥片布丁的塑形，令布丁外型顯得沈悶。」她寫道 [16]。

拉法爾德夫人以胭脂紅將麥片布丁染成粉紅色，以番紅花染成黃色，用菠菜染成綠色。她也製作了創意十足的裝飾用麥片布丁，例如：遨遊於澄清果凍海中的麥片粥魚。製作方法如下：首先，將麥片布丁放入四條大魚和六條小魚模具中塑形。將透明的小牛蹄凍倒入一個大碗中，凝固之後，將兩條小魚正面朝下擺放在小牛蹄凍上，並在上頭覆蓋一層澄清牛蹄凍。接著，將另外四條小魚「交叉擺放，但在將碗倒放時，需能看見魚頭魚尾。」接著她加入更多牛蹄凍，來固定魚的位置，再將四條大魚放置於頂端，並在碗中加入更多澄清凍。隔天，將碗中內容物倒在大淺盤上，成品想必相當美麗動人。

拉法爾德將另一道麥片布丁食譜命名爲「母雞巢製作方法」[17]。製作方法如下：首先將製作好的麥片布丁，倒入小蛋殼當中。接下來，在盆中裝滿透明的小牛蹄凍。將檸檬皮製爲蜜餞，並塑形成鳥巢狀，放置於冷卻且凝固後的小牛蹄凍上。當麥片布丁蛋準備好後，剝除蛋殼，放置於檸檬皮鳥巢上。超過兩個多世紀後，在千里之外的科羅拉多州，著名的要塞餐廳業主荷莉・阿諾・基尼（Holley Arnold Kinney）回想起家族中，代代相傳的傳統復活節點心背後的老故事。

乳酒凍人氣回歸。現今的版本仍輕盈又充滿泡沫。

基尼的祖母凱薩琳過去曾製作這道甜點，而餐廳創辦人——基尼的父親山姆·阿諾，以及阿姨瑪莉·阿諾博士也曾製作這道甜點。現在，基尼自己也年年製作。他們將這道甜點稱為鳥巢布丁（Bird's Nest Pudding），將其歸類在「法式奶凍」的範疇（blancmange），但很顯然地，這便是「母雞巢麥片布丁」的直系血親了。在《要塞餐廳的光輝時代》（*Shinin' Times at The Fort*）中，基尼寫道：

> 從孩提時代起，我就一直記得這道食譜，直到今天，我還是年年製作⋯⋯如同許多我深愛的料理一樣，這一道也是從我父親老山姆那裡學來的。下面是他對布丁的描述：「小時候，家中過節時若沒有鳥巢布丁，就稱不上復活節了。我不知道母親是從哪裡學來這道料理。很有可能是從她娘家英格蘭貴格會祖先——福克斯（Fox）家族那裡傳下來的。」

基尼在書中描述，她的家族在復活節星期日前，會將蛋殼保留數週，並靜置乾燥。接著製作法式奶凍，分批調味，且將每份奶凍染成不同顏色，接下來，她會將奶凍倒入蛋殼當中，等待凝固，並在一個雕花玻璃餐碗中倒滿一半的葡萄酒凝膠。就跟拉法爾德夫人一樣，基尼也使用果皮蜜餞來製作鳥巢，儘管她使用的是柳橙和葡萄柚皮，而非檸檬皮。最後，當所有材料都準備好後，才會將鳥巢放在凝膠上，並將奶凍蛋小心地置入鳥巢中。當最終成品擺放在二十一世紀的美國餐桌上，就跟十八世紀的英格蘭餐桌一樣，喜氣洋洋 [18]。

在丹麥，最受歡迎的布丁之一是「紅水果布丁佐鮮奶油」（*rødgrød med fløde*）。通常以紅莓為主食材，與大部分麥片布丁不同的是，製作時不加入鮮奶油或牛奶，但頂端通常仍會搭配鮮奶油。而下面這道變化版食譜則使用了大黃（rhubarb），這道食譜由丹麥祖母傳

給美國子孫，一向被稱作「大黃麥片布丁」（「*rødgrød med fløde*」的一種版本）。沒人曉得為什麼，或許這位丹麥祖母認為對美國人來說，麥片布丁的發音比較簡單，又或者，她在緬因的鄰居使用的是麥片布丁這個詞。一名丹麥裔的緬因住民荷莉‧柯爾達（Holly Korda），從她的阿姨瑪莉恩那裡繼承了下列這道食譜，而阿姨則是從祖母亞蜜莉雅‧索薩格‧穆勒那裡繼承而來的。

大黃麥片布丁（變化版 RØDGRØD MED FLØDE） 4 至 6 人份

大黃 4 杯（600 克）切成 2 公分長

糖 3/4 杯（150 克）

柳橙或是檸檬 1 顆果皮磨碎

水 1/2 杯（120 毫升）

玉米粉（玉米澱粉）3 大匙

在平底深鍋中加入大黃、糖、柳橙皮碎和水。緩慢加熱至沸騰，蓋上鍋蓋，燉煮二至三分鐘，或待大黃變軟，但仍保留形狀為止，不要煮過頭。

將玉米澱粉與少量的冷水混合，加入大黃混合物當中攪拌。加熱至沸騰，持續溫和地攪拌，直到變得透明且質地濃厚為止。

倒入餐盤中，並灑上糖。在保有餘溫的狀態下，搭配鮮奶油上桌。

現在，大部分的食譜書和甜點桌上已不見麥片布丁的蹤影，我們也不怎麼使用這個詞了。然而，它就跟乳酒凍一樣，曾經是廚房之外，也頗常聽到的詞彙，用來指微小又虛浮的事物，例如拍馬屁的話、胡說八道或是無用的裝飾品。馬克‧吐溫在描述一艘蒸汽船上的洞房裝潢時，寫道：「要將這些應聲蟲般的小市民唬得一愣一愣，惺惺作態、麥片布丁般的裝潢，可說是必要之物。」[19]

畫家描繪山姆·阿諾、年幼的荷莉和祖母凱薩琳期待復活節鳥巢布丁的情景。

---

* 譯註：oxymoron，矛盾修辭法，將兩個意義矛盾的語彙組合在一起。

波森莓（boysenberries）賦予這道麥片布丁可人的紫羅蘭色調，以及微酸的風味。

繽紛的白色料理

奶凍作為麥片布丁的近親，行蹤也能追溯至中世紀，並隨時代演變歷經了許多變化。奶凍是貨真價實的國際料理，義大利、法國、西班牙、德國、土耳其和英格蘭都擁有各自的版本，最終也抵達了美國餐桌。普拉蒂納（Platina）所撰寫的文藝復興義大利料理與健康指南書《論正確的愉悅和健康》（*De honesta voluptate et valetudine*）中，收集了一份義式白奶凍（*biancomangiare*）食譜。不論是奶凍（*blancmange*）、義式白奶凍還是焦糖牛奶醬（*manjar blanco*），都意指「白色料理」，但其實，這道料理並非總是白色的。法國的烹飪書也以「各式奶凍分類」（*blanc manger parti*）篇章，說明如何區分包含紅色、金色、綠色和銀色等不同色彩的奶凍。有些十九世紀食譜書則收錄了集終極矛盾 * 於一身的巧克力奶凍。

起初，這道白色料理使用杏仁奶和搗碎的閹雞肉，烹調到質地變濃厚後，加入糖增添甜味、以玫瑰水添加香氣，並以石榴籽裝飾後端上桌。較後期的食譜則使用了剁碎的雞肉，遇到齋戒期間禁止食用肉類時，則改用魚肉，加入米飯或雄鹿角使質地變濃厚，並添加糖和杏仁等食材。在土耳其，一道貼近原始版本的雞胸肉布丁（*tavuk göğsü*）則存活至今，它以剁碎的雞肉、米飯、牛奶和糖製作，並加入肉桂調味，當作甜點來食用。在菲律賓，則使用水牛奶（water buffalo milk）製作奶凍，運用玉米粉使質地變濃厚，並灑上烤椰子，坊間多把它稱做堤啵堤啵（*tibok-tibok*），因為搖晃時，它會如心跳般抖動 [20]。

十七世紀時，在大部分的國家，肉類或魚肉便從這道料理中消失了。拉瓦雷納使用雞湯底，而非雞肉製作，法蘭索瓦·馬西亞洛則將一道不含雞肉或魚版本的奶凍引進了英格蘭。在《宮廷與鄉村廚師》中，他納入了兩道奶凍食譜。第一道使用一隻母雞製作，布丁經過濾使質地變得滑順。第二道卻沒有使用魚肉或家禽肉，而以雄鹿角薄片、搗碎的杏仁、牛奶、鮮奶油和橙花水製作，漸漸地，這道食譜演變成以模具製作、乳脂濃郁的現代版奶凍。

隨著時光推演，魚膠、小牛蹄、雄鹿角、海菜等各種食材也被運用在奶凍膠的製作，並以模具塑形，並倒入餐盤。十九世紀時，葛粉、玉米粉和明膠粉也加入了食材陣容。就跟麥片布丁一樣，廚師會將奶凍塑形成各種華麗的形狀，並發揮創意擺盤上桌。1796 年版的《樸素簡單的烹飪之藝》（*The Art of Cookery Made Plain and Easy*）中，作者漢娜·格拉斯（Hannah Glasse）將奶凍以模具塑形成半月形和星形，並置於透明果凍基底上。她將此食譜命名為「月光」。格拉斯的基本奶凍使用甜鮮奶油、魚膠製成果凍，並同時以玫瑰水和橙花

水調味。她寫道,「這是一道極佳的副食。可以搭配鮮奶油、葡萄酒,或任何您喜歡的配料。周圍擺上烤西洋梨,既美麗又可口。」[21]

奶凍在美國同樣大受歡迎,在以南北戰爭作為背景的小說《小婦人》中,作者露意莎‧梅‧奧爾柯特(Louisa May Alcott)寫到,馬區家會端上「環繞著綠葉環和艾美所栽種的天竺葵緋紅花朵」奶凍[22]。露意莎的母親艾比蓋爾‧奧爾科特,從一份不可考的報紙剪下了一道葛粉奶凍食譜,並保存在她的「食材清單和簡單食譜」收藏當中。十九世紀美國聲譽甚高的廚師、食譜書作家、家政家和老師瑪麗亞‧巴爾羅瓦(Maria Parloa)撰寫了數本深具影響力的食譜書,以及雜誌專欄和推銷手冊。其中《巴爾羅瓦小姐的年輕管家》(*Miss Parloa's Young Housekeeper*)中的這道食譜,使用愛爾蘭紅藻讓奶凍製膠化:

紅藻奶凍(MOSS BLANCMANGE）

愛爾蘭紅藻 1 基爾(約四分之一品脫）
牛奶 1 夸脫
糖滿滿 2 大匙
鹽滿滿 1 鹽匙
香草精 1 小匙

紅藻量只要大約測量即可,在清洗過程中挑出小石子與海藻,直到去除所有沙粒。將其與冰牛奶一起放入雙層鍋中加熱約二十分鐘,過程中需不斷攪拌,隨後加入鹽,一起放入濾碗中,開始添加糖和調味料。另取一個碗,使用冷水沖洗後,將牛奶凍入其中,靜置使其變凝固。上桌前可添加糖粉和奶油一起享用。

若使用鮮奶油和明膠,而非牛奶、葛粉或愛爾蘭紅藻來製作的話,

未加裝飾的奶凍展現純粹優雅。

奶凍便會跟義大利奶凍（panna cotta）——皮埃蒙特地區著名的鮮奶油布丁凍，十分相似。今日，這道奶凍不論在義大利還是世界各地都十分受歡迎，通常會搭配西洋梨或其他水果一起享用，就跟漢娜．格拉斯將奶凍盛盤的手法一樣。綠葉和天竺葵也是很棒的點綴。

滿滿一匙奶凍

中世紀時期，奶凍被視為有益病患健康的料理。它不只質地滑順又容易消化，還使用珍貴的藥材——糖來製作。其中添加的雞肉和杏

約翰‧艾佛雷特‧米萊爵士（Sir John Everett Millais）於 1884 年所繪。這幅插畫中的穆菲小姐可真被蜘蛛給嚇壞了。

仁也被認爲是十分健康的食材，使奶凍成爲平衡體液的絕佳食品。十四世紀食譜集《食物》（*Viandier*），便收藏了一道「爲病患製作的閹雞製奶凍　」（*blanc mengier d'un chappon pour ung malade*）食譜 [24]。五個世紀之後，體液理論影響力不再，製作時也不再使用閹雞，但人們仍認爲奶凍具有醫療效用。芬妮‧法默（Fannie Farmer）所著的《病患與康復期的食物與烹飪》（*Food and Cookery for the Sick and Convalenscent, 1904*）中，含有兩道奶凍食譜，一道是巧克力，另一道則是香草風味。就像同僚瑪麗亞‧巴爾羅瓦一樣，法墨使用愛爾蘭紅藻使質地變濃厚。《小婦人》中，瑪格‧馬區在鄰居勞利生病時，爲他製作了奶凍。當妹妹喬送上奶凍時，則說：「沒事啦，你儘管吃，奶凍很柔軟，會一路滑到腹中，不會弄痛喉嚨的。」 [25]

凝乳與乳清（CURDS AND WHEY）

小穆菲小姐，

坐矮凳上歇，

吃凝乳乳清。

蜘蛛來拜訪，

坐在她身邊，

穆菲驚又逃。

這首傳統童謠除了激起二十一世紀孩童對蜘蛛的恐懼之外，也引起一些疑問。「什麼是矮凳？」孩子們問，「什麼是凝乳和乳清？」還有，為什麼小穆菲小姐要吃這些東西呢？對大人來說，解答第一道問題並不難，書中插圖通常能解惑。板凳是一種低矮的座椅，或是一種小型跪墊（hassock）。有時候會稱作厚坐墊（pouffe），跟一般的凳子有所不同，上頭通常覆蓋布料，並填有墊料，或帶有座墊。

凝乳和乳清卻是另一個挑戰。對年輕人和甜點門外漢來說，「凝乳和乳清」聽起來像是凝結的牛奶，例如度假歸來後，在冰箱裡等待著我們的發酸牛奶。某方面來說，這項認知並沒有錯，事實上，凝乳是最古老的乳製品料理之一，比起壞掉的牛奶，跟新鮮的茅屋起司或瑞可塔起司更為相似。凝乳是牛奶因接觸到凝乳酶（rennet）或酸性物質而產生的固狀物，通常出現在起司的製作過程中，乳清則是沉澱在下方稀薄、淡綠色的牛奶。不過，凝乳和乳清也會獨立製作享用。製作方法如下：首先將凝乳酶加入新鮮溫熱的牛奶當中，牛奶可以保留原味，或是以檸檬、玫瑰水、水蜜桃果核（製作出苦杏仁風味）或是香草調味。加入凝乳酶後，將牛奶靜置於溫暖環境下，直到凝乳升至頂端、乳清沉至底部為止。

18 世紀的倫敦，小販在街頭販賣凝乳和乳清。

用來製作起司或是凝乳的凝乳酶，通常來自小牛的胃部，這些胃片則可以透過當地的屠夫購得。凝乳酶片使用完後，必須沖水並以鹽搓洗乾淨，放置乾燥。接著，在上頭倒上滾水，繼續浸泡六個鐘頭以上。最後，取出凝乳酶，將剩下的液體加入牛奶中幫助發酵。葡萄酒或檸檬汁也能促進牛奶的凝固，但效果不如凝乳酶一樣有效。一道「凝乳酶或乳脂鬆糕鮮奶油」食譜使用了「洋薊」來取代凝乳酶，據稱是法式手法，能賦予鮮奶油更令人愉悅的風味[26]。凝乳和乳清可搭配鮮奶油或是白酒，並撒上些許糖和肉荳蔻一起端上桌享用，或者，廚師也可能撇取凝乳並用篩網過濾，同樣撒上糖和肉荳蔻，裝入碗中，在頂端倒上鮮奶油後端上桌。相似的料理也出現在今日的賽普勒斯——著名的哈羅米起司（halloumi）產地，舀取溫熱的凝乳，並在頂端淋上少許橙花水和角豆糖漿（carob syrup）端上桌。在艷陽高照的春季午後，坐在花園裡品嚐凝乳和角豆糖漿，當年的穆菲小姐一定十分享受。

乳清當然也能獨立飲用。從古至今，乳清對鄉村老百姓來說，都是道簡單的夏季飲品。它也稱作「輝格」（whig），並在十七、十八世紀期間搖身一變爲時髦的健康飲料。山繆‧皮普斯（Samuel Pepys）在日記中，記錄自己造訪了一家「乳清吧」（whay-house），並喝下非常多的乳清。在法國，乳清稱作「petit lait」，據稱治癒了龐巴度夫人的頭痛和經痛 [27]。

凝乳或新鮮軟起司也是起司蛋糕的基底。自古代起，廚師就會瀝乾凝乳，將其搗成平滑狀，用來製作出風味豐富又濃郁的起司蛋糕。西元前 776 年，參與首屆奧林匹克運動會的希臘運動員，就受到起司蛋糕的招待 [28]。十八世紀的英格蘭廚師會使用檸檬、玫瑰、橙花水或肉荳蔻來幫起司蛋糕調味，他們將混合物倒入鋪有糕餅的派盤或是小平底塔鍋中烘焙。現今，凡有起司之處，必有人享用起司蛋糕。傳統上，起司蛋糕會和復活節或五旬節等春季節日聯想在一塊，使用軟質起司製成的紐約起司蛋糕，則被視爲當代的經典甜點。

凝乳凍，郊遊去（Going on a junket）

另外還有一道叫「凝乳凍」（junket）的鮮奶油布丁。這個詞從法文「*jonquette*」而來，意指盛裝起司並塑形的燈芯草籃（rush basket），這個詞也被用來指起司本身，後來又指調味凝乳甜點，同時也是糖果點心或佳餚的泛稱。在《論正確的愉悅和健康》中，普拉蒂納加入了一份「杏仁凝乳凍」（jonchada de amandole）食譜。在齋戒期間，他改以杏仁奶取代牛乳。

十六世紀期間，「凝乳凍」一詞被用來描述歡樂的盛宴或是宴席。到了十九世紀的美國，「凝乳凍」卻演變爲意指政府出資的官員旅

這道凝乳凍跟爾文‧科布在病房食用的版本比起來，賣相好多了。

行，在納稅人眼裡實在鋪張又浪費。凝乳凍就像奶凍和麥片布丁一樣，被視為優異的病房料理，但並非每個人都享受病患適用的淡而無味版——也就是不加打發鮮奶油、蘭姆酒、杏仁或任何配料的凝乳凍。以下為第一次世界大戰期間《星期六晚郵報》的聯絡人，美國作家爾文‧科布（Irvin Cobb）描述自己手術後，在醫院休養時，對凝乳凍的印象。我不知道對全世界整體而言如何，但至少，醫院的凝乳凍被剝奪了所有卡士達料理中美妙又興奮的食材，經過微妙且謎樣的程序製作，嚐起來簡直有如不快的母雞在震怒中生下蛋，再用這些蛋作為基底去製作的一樣 [30]。

雪景

在十六到十九世紀早期，冬季往往十分嚴寒，該時期也被稱作「小
冰河期」（Little Ice Age）。隨著溫度驟降，歐洲和北美洲也跟著顫
抖，氣候災害殃及穀物及貿易，許多人則因此受苦——一如繼往地，
窮人特別慘，農夫、漁夫和釀酒人等眼睜睜目睹生計被摧毀。

在英格蘭，比現在更寬、更淺的泰晤士河不時便結凍。泰晤士河結
冰時，倫敦人會趁機享受冰雪，並在結凍的河面上舉辦即興的「霜
市集」（frost fair）。大人小孩們在河冰上溜冰嬉耍，音樂家們演奏
樂曲；馬匹取代了渡船，拖行馬車和乘客渡河；商人在冰上搭起茶
點帳篷，販賣烤牛肉、薑餅到熱巧克力等各樣食物。據說，1814 年
最後一屆霜市集期間，還出現了大象遊街安渡泰晤士河的節目。當
時印刷師傅會在冰上設置印刷器材，製作販賣紀念傳單，許多傳單
印有幽默的訊息，範例如下：

> 公告
>
> 有鑒於閣下：J・佛斯特 [*1] 以武力與暴力佔據泰晤士河，我在此警
> 告您立刻離開。
>
> A・索爾 [*2] 敬上
>
> S・華納（S. Warner）1814 年 2 月 5 日於冰上印製 [31]。

或許是室外冰天雪地的景象，激發了糕點師和廚師的靈感，紛紛在
室內的宴席桌上重現起冬日雪景。十八世紀期間，在時髦的家庭中，

---

* 譯註 1：J. Frost。Frost 也指凍霜，此處為雙關用法。
* 譯註 2：A. Thaw。Thaw 也指雪融，此處為雙關用法。

廚師會在餐桌上覆蓋上一層冰雪甜點。廚師打發鮮奶油和蛋白，製造出充滿泡沫的漩渦，並將迷迭香枝插在其中，模擬雪峰上的迷你樹，他們也將水果浸入水中冷凍，直到水果看似覆蓋冰霜爲止。他們製作了各種煮熟鮮奶油和卡士達布丁，還有調酒飲料。

某次，英格蘭哲學家、美學和散文鑑賞家約瑟夫·艾迪生（Joseph Addison）看見了一道令他大感欣喜的甜點展示品，甚至認爲就算只嚐一口，也是粗魯破壞了美觀，儘管其他同席的賓客對此毫無任何愧疚之情。1709 年 3 月 21 日星期二，艾迪生在《尚流》雜誌（The Tatler）中以極爲輕蔑地口吻，描述了一席晚宴，以各種「法式糕餅料理」（French kickshaws，法文「quelque chose」，也就是「某些東西」的訛用詞。）作爲主角，他卻根本不屑吃。其中一道料理看似含有「烤豪豬」，卻只是嵌有肥豬肉的火雞肉。最後，當他瞥見「高貴的沙朗牛排」，屈辱地被棄置在邊桌上，才終於動口用餐。對於烤肉被當作「精美佳餚」（dainties）的附屬品，他感到相當不悅，但當甜點上桌展示時，他的心情卻大爲好轉，並寫道：

> 終於，甜點端上桌了，老實說，它跟先前端上桌的所有料理一樣出色。依正確的順序擺放時，整組甜點好似一場極美的冬季雪景。桌上好幾座裝飾成冰柱模樣的糖果蜜餞金字塔，上下點綴著水果，在人造的冰霜之下若隱若現。同時，大量的打發鮮奶油模擬成白雪狀，附近則有小盤的糖豆，像冰雹那樣成堆擺放於結凍程度不等的各式果凍中。面對眼前這些作品，我深感歡喜，一丁點也捨不得取用。其他席上賓則爲了嚐一口檸檬皮或糖果，動手破壞美景，令我有些忿怒 [32]。

想必當時的餐桌定然十分美麗動人，就像覆蓋著白雪的寂靜花園一

樣祥和，大部分的賓客卻永遠不會看見，廚師爲了創作這幅壯觀景象所付出的心血。多數家庭廚師大概無力在甜點餐桌上，創作出如此驚人的雪景，但他們還是會製作白雪、鮮奶油和卡士達布丁，並把它們裝飾得漂漂亮亮。事實上，數個世紀以降，人們持續製作各種鮮奶油和白雪。十六世紀時，巴托羅米歐・斯卡皮在《全新正確烹飪書》（ *The Proper New Booke of Cookery*, 1545）中，提供了牛奶雪（ *neve di latte* ）食譜，書中還有一份「白雪盤料理製作方法」食譜，與漢娜・伍利所著《女王般高貴的碗櫥與富裕櫥櫃》（1672）中的這道食譜十分相似 [33]。

白雪鮮奶油（SNOW CREAM）製作方法

取一品脫鮮奶油、三顆蛋的蛋白、滿滿一至兩匙的玫瑰水，使用樺木條打發成發泡狀，接著將白泡沫放入盤中，該盤子底部需已放有塗好些許奶油的半條小麥麵包、中層擺著一條長迷迭香枝。將所有的白雪加入盤中後，便可以使用數種糖果點心裝飾 [34]。

在其他英、法、德文食譜書中，還有許多相似的食譜。被伍利用來盛裝白雪的「小麥麵包」底座，是一種小條的白麵包，一般會移除麵包外層的硬皮後，才將白雪盤繞在上頭，有些人則讓白雪降落於蘋果上。他們在打發鮮奶油和蛋白時，刮取產生的白沫，將其堆放在麵包或蘋果上，接著重複此步驟，直到盤子裝滿爲止。製作剩下的鮮奶油時，將每層白沫在篩網上瀝乾，接著繼續打發鮮奶油，舀取白沫。持續此步驟，直到用盡所有的鮮奶油爲止。

別說現代的電動攪拌機，當時的廚師可是連鋼絲攪拌器或是旋轉打蛋器都沒有，打發鮮奶油和蛋白成了件消耗體力的任務。廚師通常會將細枝綁在一起，作爲攪拌棒，所以食譜也常要求打發混合物需

1814 年喬治·克魯克香克（George Cruikshanks）的諷刺畫，描繪了泰晤士河之上的狂鬧霜市集。

半小時，甚至更長的時間。儘管如此，這道冗長又乏味的工法並沒有澆熄廚師們發揮創意的興致，許多廚師使用迷迭香樹枝來製作攪拌器，或將一枝迷迭香綁在樹枝尾端，使打發的混合物更添風味。漢娜·格拉斯跟許多廚師一樣，會在攪拌器尾端綁上檸檬皮；有些人會使用桃樹細枝，來賦予料理苦杏仁風味；有些人則使用墨西哥木製攪拌器「*molinillo*」（也就是用以在熱巧克力上創造泡沫的巧克力研磨器）來取代樹枝打發鮮奶油。

似乎一直要到十七世紀，才開始使用「打發鮮奶油」這個術語。在法國，打發鮮奶油稱作「*crème fouettée*」，又名香緹鮮奶油「*crème Chantilly*」；在義大利，打發鮮奶油叫做「*panna montata*」；在西班牙則稱作「*nata montada*」；而在德國，稱作「*Schlagsahne*」。維也納

人特別鍾愛打發鮮奶油，並將它喚作「*Schlagobers*」，理查・史特勞斯（Richard Strauss）創作、海恩瑞奇・克勒（Heinrich Kröller）編舞的芭蕾舞劇便與此同名。這部舞劇的故事背景位於一家維也納蛋糕店，或稱「*Konditorei*」，在這家蛋糕店裡，被賦予生命的杏仁糕、薑餅和水果蛋糕，開始翩然起舞。1924 年，《打發鮮奶油》首演後，劇評海恩瑞奇・克拉利克（Heinrich Kralik）寫道：「可惜的是，這口打發鮮奶油有點難以下嚥。」[35]

經過烹調而非打發的鮮奶油稱爲凝脂奶油，至今仍是一道英格蘭特產，也是土耳其凝脂奶油（*kaymak*）的近親。凝脂奶油又稱德文郡奶油（Devonshire cream），以極低溫烹調牛奶或鮮奶油進行製作，靜置凝固或結塊後，接著小心地撇取濃厚的鮮奶油層。凝脂奶油通常搭配司康，但也可以當作水果的配料或是獨立使用。漢娜・伍利製作了一道裝飾性的「甘藍菜鮮奶油」，撇取數層凝脂奶油，擺放並模擬成甘藍菜葉狀。伍利的食譜註明，每一層需抹上玫瑰水和糖混合物，以確保菜葉瓣不會彼此沾黏，並維持甘藍菜的形狀。

甘藍菜鮮奶油製作方法

取二十五夸脫新鮮牛奶，放置於火源上，直到將近沸騰，持續攪拌，避免產生乳脂，接著盡量以最快速度倒入二十多個大淺盤中。冷卻後，使用濾網杓撇取鮮奶油，擺放在派盤上，層層相疊，重複三層，打造出整顆甘藍菜的模樣。將玫瑰水和糖混合成濃厚的糖水，並以一根羽毛塗在每層鮮奶油之間。有些人會取少許鮮奶油，與薑混合水煮，之後從火源取下，以玫瑰水和糖調味，接著滾煮並加入打發喬丹杏仁糖汁，攪拌直到冷卻，避免產生乳脂。取小麥吐司，麵包不要太硬或呈棕色，切成薄片後，置於盤底，頂端倒上鮮奶油，並擺上甘藍葉 [36]。

迷人的騷亂

想溯源某些乳製甜點的定義和歷史實屬不易。同名的料理，在不同食譜中卻大相逕庭，一位廚師口中的奶油伴水果（fool），可能是另一位廚師的乳脂鬆糕（trifle）。現代通常將奶油伴水果，定義為鮮奶油與鵝莓或大黃等水果的簡單混和物。在過去，奶油伴水果卻更像較複雜的蛋糕、卡士達、葡萄酒和（最低限度）打發鮮奶油的千層組合體，這樣的甜點在現代則被視為乳脂鬆糕。奶油伴水果和乳脂鬆糕初登場的形象便是風味濃郁、製作簡易、充滿泡沫又異想天開，這兩個名稱都沒有蔑視的意涵*，而是表達甜點由纖細雲朵般的鮮奶油所構成、輕鬆而稍縱即逝的本質。

名詞的定義就跟甜點本身一樣難以捉摸，《牛津英語詞典》將奶油伴水果定義為「一道加入多種食材烹煮而成的鮮奶油料理」，並稱其「晦澀難解」。《牛津英語詞典》接著引用了該詞最早使用的案例，出自約翰・弗洛里奧的《詞語的世界：英語及義大利語最詳盡精確的辭典》（*A Worlde of Wordes; or, Most Copious, and Exact Dictionarie in English and Italian*, 1598）：「一種在英語中稱作奶油伴水果，或是乳脂鬆糕的凝脂奶油。」[37]這便是一條來自十六世紀晚期，合併了凝脂奶油、奶油伴水果和乳脂鬆糕的參考文獻。

大部分由早期食譜所製作出的乳脂鬆糕，不同於我們今日所知的千層奇觀，反而跟經典的奶油伴水果較為相似——將水果加入打發鮮奶油中，創造出豪華而輕盈的夏季甜點。再者，早期的奶油伴水果食譜使用了卡士達，而非簡單的打發奶油，有些食譜中還加入餅乾

---

* 譯註：奶油伴水果英文（fool）有傻子之意，乳脂鬆糕英文（trifle）可指無關緊要的小事。

或是蛋糕，跟現代的乳脂鬆糕更為相近了。在弗洛里奧作品問世近一個世紀之後的 1688 年，藍道・霍姆（Randle Holme）在《軍械庫學院》（*The Academy of Armory*）中描述：「奶油伴水果是一種卡士達，卻更不加修飾。它以鮮奶油、蛋黃、肉桂、肉荳蔻烹煮而成：搭配鋪散在其上的椰棗片、糖和白紅康菲蜜餞，於一種整齊地切成小塊的麵包（Sippets）上享用。」[38] 綜合以上元素，這道料理不像奶油伴水果，更像乳脂鬆糕。

在今日，我們通常只將奶油伴水果定義為加甜、煮爛並過濾的水果鮮奶油混合物，其中鵝莓一直以來都是最受歡迎的水果選項之一。下面這道食譜出自十九世紀愛斯黛兒・伍茲・威考克斯（Estelle Woods Wilcox）彙編而成的美國食譜書，它提供了將水果與卡士達混合，或是僅搭配鮮奶油的選項：

鵝莓版奶油伴水果（GOOSEBERRY FOOL）

將鵝莓烹煮至變軟，並以過濾盆（以陶製為佳）將糖過篩後加入其中。烹煮卡士達，或是在濃郁的鮮奶油中添加甜味（約一基爾比一夸脫），小心地攪拌加入鵝莓當中，即可端上桌 [39]。

——L・S・W 夫人

現代的乳脂鬆糕則有許多變化版本，但基本上都是蛋糕或以餅乾為基底，浸泡於酒精飲料當中，上頭搭配卡士達或果凍，頂端冠上乳酒凍或是打發鮮奶油。十九世紀，美國作家老奧利弗・溫德爾・霍姆斯（Oliver Wendell Holmes）的小說《艾爾希・溫納：命運的羅曼史》（*Elise Venner: A Romance of Destiny*）對乳脂鬆糕作出如下描述：「家政藝術中，最出色之作為乳脂鬆糕……其迷人之處在於鮮奶油、蛋糕、杏仁、果醬、果凍、葡萄酒、肉桂和泡沫所帶來的騷亂。」[40]

現代優雅的加冕乳脂鬆糕（coronation trifle）。

乳脂鬆糕也從不列顛傳至了其他英語系國家，其中包含美國、澳洲、紐西蘭、英屬印度和母語爲英語的加拿大地區，當然也抵達了其他國度。在海倫・莎貝里（Helen Saberi）和艾倫・戴維森（Alan Davidson）合著的《乳脂鬆糕》（*Trifle*）一書中，他們一路追蹤乳脂鬆糕到法國，發現烹飪作家朱爾・古菲（Jules Gouffé）將乳脂鬆糕命名爲英式慕斯「*mousse a l'anglaise*」。他們也在德國、冰島、匈牙利、厄利垂亞、南非和俄羅斯找到了它的蹤跡 [41]。

第一本全美國食譜書的作者艾蜜莉亞・席夢斯（Amelia Simmons）製作了一道簡單的乳脂鬆糕。該書通常被稱爲《美國烹飪法》，不過，書名全文其實叫做《美國烹飪法：爲我們國家及各社會階層所改良的食品、魚肉、家禽肉和蔬菜調味的藝術，以及製作醬糕、泡芙、派、塔、布丁、卡士達和醃製食品，以及從帝國鉛錘到普通蛋糕的最佳製作法》（*American Cookery; or, The Art of Dressing Viands, Fish, Poultry and Vegetables, and the Best Modes of Making Pastes, Puffs, Pies, Tarts, Puddings, Custards and Preserves, and all kinds of Cakes From the Imperial Plumb to Plain Cake, Adapted to This Country, and all Grades of Life*）。儘管當時也流傳著英文和其他語言的食譜書，或是有他國食譜書在美國再版印刷，《美國烹飪法》卻是第一本在美國撰寫且出版的食譜書。該書出版於 1796 年，並使用了蔓越莓等美國食材，或是用西瓜皮製作「美國香櫞皮蜜餞」（American citron），且以美語詞「molasses」取代英語詞「treacle」來稱呼糖蜜。席夢斯的乳脂鬆糕食譜與同時期的英格蘭食譜相似，但實際更爲簡潔：

乳脂鬆糕

在盤中裝滿細碎的餅乾、麵包脆餅和香料蛋糕，並以葡萄酒沾濕，接著在麵包脆餅上倒上烹飪好的卡士達（不要太濃厚），上頭加上乳酒凍，最後以果凍和花朵裝飾 [42]。

義大利人也製作了一道類似的甜點——英國湯（*zuppa inglese*）。莎貝里和戴維森如此描述：「英國湯是一種與英式乳脂鬆糕在架構上（海綿蛋糕／餅乾、利口酒、卡士達／鮮奶油、自由選擇的配料）相似，在譜系上卻不見得相關的義大利甜點。」[43] 然而，1891 年時，佩列格里諾・阿圖西（Pellegrino Artusi）在《廚房中的科學以及吃得好之藝》（*La scienza in cucina e l'arte di mangier bene*）中，將自己的食譜稱為「英式乳脂鬆糕」（*Zuppa Inglese*）。更具巴洛克風的西西里版本則叫做乳清蛋糕（cassata），或是巴勒莫乳清蛋糕（*cassata palermitana*）。

每位廚師的版本都有所不同，但一般來說，這是道浸潤過利口酒的海綿蛋糕，並含有數層的瑞可塔起司、水果蜜餞，可能還含有巧克力餡料，上頭覆蓋著糖霜或杏仁膏，偶爾還會加上打發鮮奶油。二十世紀，由充分浸泡於濃縮咖啡和蘭姆酒中的手指餅乾、鮮奶油沙巴翁（zabaglione）、馬斯卡彭起司餡料，以及打發鮮奶油製成的提拉米蘇，也是乳清蛋糕的近親。另一方面，說到最著名也最受鍾愛的濃郁瑞可塔甜點，非西西里的卡諾里乳酪捲（cannoli）莫屬。其包裹於圓柱狀脆酥皮的美味餡料，往往少不了巧克力碎片、香橙或南瓜蜜餞的加持，開口則會灑上開心果碎屑，若能等到食用前最後一刻才填入餡料，可避免外部軟塌。卡諾里乳酪捲可說是鮮奶油和酥脆口感的完美結合體。另一位同樣來自二十世紀的甜點近親則是拉丁美洲的「三奶蛋糕」（*Pastel de tres leches*）。這道浸泡在煉乳、奶水（evaporated milk）和鮮奶油混合物中的海綿蛋糕，很可能是雀巢公司在 1970 或是 80 年代開發出來的。三奶蛋糕常與墨西哥一起被提及，但幾乎所有拉丁美洲國家都有各自獨特的版本[44]。

打顫的懦弱卡士達

「卡士達」一詞來自「*crustade*」，意指帶有硬皮的塔。各類卡士達的出現可追溯至十四世紀，通常會是頂部開放的派，內含肉類或水果，或是準備好的湯或牛奶、蛋和香料。不論甜鹹，卡士達都會被安排在餐期間，而非結尾端上。最終，它成了一道人人鍾愛的甜點料理，也持續以鹹派的身分爲人享用。

甜卡士達是廚房中功能最多樣化的發明之一，它由牛奶、蛋、糖和調味料混合物烹煮至乳脂濃度所製成，甜卡士達可以在爐上溫和燉煮、烤箱中烘烤，也可以製成烤布蕾，或是裝在樸素的杯中端上桌；可以使用模具塑形成裝飾品，也可在派或塔中烘焙，或作爲閃電泡芙、鮮奶油泡芙……等泡芙糕點的餡料，或作爲醬料端上桌；可以使用從香草到桃樹葉等任何調味料來調味，甚至是裹上麵包屑油炸。卡士達構成了法國經典甜點「漂浮之島」（*île flottante*）中的海洋，而冷凍後的卡士達，搖身一變就成了冰淇淋。

以卡士達爲基底的變化型態又有布丁、鮮奶油、法式鮮奶油（*crèmes*）、英式蛋奶醬、焦糖布丁、卡士達醬和蛋奶布丁。法國廚房術語會用「*crème*」一詞來稱呼卡士達，在西班牙則稱作「*natilla*」，在義大利稱作「*crema*」，在德國則稱作「*vanillepudding*」，在葡萄牙稱作「*crème de ovos*」，在泰國和寮國，卡士達則叫做「*sangkaya*」，並以椰奶製成，在軟嫩的椰子、挖空的南瓜屬植物（squash）或南瓜所雕刻成的容器中烹調而成。卡士達在塔派甜點世界中無所不在。十六世紀斯卡皮（Scappi）的卡士達派（*pasticci di latte*），便以玫瑰水和肉桂調味，而單人份的卡士達葡式蛋塔（*pastéis de nata*），則通常爲肉桂風味，並且在葡萄牙語國家——葡萄牙、巴西、澳門等地

渦卷方格紋（lattice scroll）附蓋卡士達杯和杯架，由 1810 年代英國品牌 Spode 所製造。

極富盛名。椰子卡士達和香蕉鮮奶油派亦曾是美國餐館菜單的亮點。

卡士達也啟發了許多幽默靈感。在十七世紀散文《廚師》（The Cook）中，作者兼聖公會教士約翰·厄爾（John Earle）將廚師描寫為一名狂暴的男子，使用銳利的刀子和滾燙的開水作為武器，在廚房中宣戰。根據厄爾的形容，廚師將他的料理以武力等級排列——強壯又堅韌的肉類排在前線，「溫度較低又懦弱的則排在後，例如嚇得打哆嗦的塔和打顫的卡士達等乳製料理。」[45] 在二十世紀早期，填滿了超鬆軟餡料的「打顫的卡士達派」，幾乎在每一齣好萊塢鬧劇中擔綱演出。砸派、目睹受害者滿臉餡料，被視為全天下最好笑的景象。在 1920 年代的好萊塢，這可是超高人氣的玩笑橋段，基石電影公司（Keystone Studio）的糕點供應商甚至只靠生產電影中的派，便足以維持利潤[46]。

鮮奶油和卡士達究竟是視覺笑話、病房餐點、簡單的家常甜點，還是糕點主廚的奢靡創作？答案為以上皆是，不僅如此，它們還是冰淇淋的基底。在冰品普及化之後，冰淇淋的人氣超越了卡士達。不過，卻有個人哀嘆起早期甜點的沒落。倫敦康明博物館（Cuming Museum）的創立人──收藏家亨利・塞爾・康明（Henry Syer Cuming），在 1891 年的文章《乳酒凍和乳酒凍器皿》（Syllubub and Syllubub-vessels）中，感嘆乳酒凍和其器皿即將瀕臨絕種。他記錄到，這些專門盛裝乳酒凍的容器在當時便已十分罕見，有幸擁有它們的人，必須好好珍藏才行。他也分享了下面這條古怪的小詩：

打發乳酒凍（WHIPT SYLLUBUB）

雪山般的乳酒凍，

佐卡士達、果凍、塔，

酒蛋糕香、乳脂鬆糕甜，

一齊出席盛宴。

噢！乳酒凍是我們的歡樂泉源，

用香料和葡萄烈酒提升風味：

啊！多想在嘴裡品嚐那打發口感

而非砸在背肩上。

孩童們一瞥乳酒凍的芳蹤，

便引起了多大的騷動！

孩童垂涎它的泡沫。

出於喜悅，他們摩拳擦掌。

儘管傻瓜們現已遺忘

乳酒凍的製作妙方，

若想親身重習，

必得造訪西西里。

1947 年電影《寶琳驚險記》（The Perils of Pauline）中，準備砸派的主廚們。

喔！無法享受乳酒凍樂之徒，
必定是受到了怨恨和殘酷咒詛，
被來自別西卜（Belzebub）的黑魔法
弄糊塗了腦袋瓜 [47]。

康明對乳酒凍的判斷並無出錯*，如同漸漸沒落的凝乳和乳清、奶酪、
切片鮮奶油、白雪和麥片布丁，乳酒凍在當時也已相當罕見。既然
有冰淇淋能享用，為什麼還要將就吃這些過時的甜點呢？二十世紀
之後，冰淇淋成了我們新的快樂來源。

---

*譯註：康明也曾宣稱格拉斯夫人是英格蘭作家與植物學家約翰·希爾爵士（Sir John Hill）的筆名。
當然，這不是真的。當時有些男性仍堅信女性無法創作出如同格拉斯夫人撰寫的書籍，儘管許多
女性作家已經證明了他們的錯誤。

鮮奶油和焦糖在風味搭配上簡直是天作之合。即使名稱上略有不同，幾乎每個文化都有自己的版本。

第 四 章

如賞玩詩詞散文般品嚐甜點

「甜點中自有詩詞。」畢頓夫人寫道。她說得一點也不錯，甜點桌上的群星——高聳的白雪、麥片布丁魚和萵苣鮮奶油都能作爲證據 [01]。不過，畢頓夫人也清楚知道，甜點中也有散文篇章。若非經過一個多鐘頭，以樹枝費力打蛋或麵糊，是不可能創造出這些甜點的。不只如此，在開始烘焙前，還需要有人扛來大量的木材或煤炭，作爲爐灶的燃料。若沒有大量的冰，便無法製作冰淇淋，就算有了冰，想完成後續製作步驟也非易事。甜點的數量與種類受限於當時的工具、食材，以及預算，由此亦可見，製作甜點往往是僕人的職責，卻只有富人才能享受。不過，十九世紀期間，科學上的新發現和設備的進步、製造與運輸的提升，讓甜點的製作變得更簡單、低廉與豐富。

冰淇淋誕生初期被視爲極罕見又高級的食品。1671 年嘉德騎士團盛宴（Feast of the Garter）的甜點宴席組合中，僅僅端上了一碟冰淇淋，只有國王查爾斯二世一個人才有機會品嚐。一直要等上數個世紀之後，冰淇淋才終於抵達日常的甜點桌。十九世紀時，隨著冰工業、新冰淇淋攪拌器和低廉的糖問世，終於連英格蘭和美國城裡的流浪兒，都能用一文錢買到冰淇淋。

十六世紀，拿坡里煉金術士進行冷凍實驗時發現，將鹽或是硝酸加入雪或冰中，便能同時凍結其他物質。起初，廚師使用這項新的冷

凍技術，將冷凍水果和花朵凍結於裝滿水的金字塔型模具中，用來裝飾晚餐桌，並維持室溫涼爽。廚師會將水果浸入水中冷凍，直到表面閃爍，才向賓客展示，甚至還讓杏仁膏船漂浮在冰之海上。但一直要到十七世紀晚期，廚師們才學會如何將冷凍技術應用在飲料和鮮奶油的製作上。在實施這些冷凍技巧後，原先弗洛里奧在 1611 年的詞典中所定義的飲品「sorbetto」——「一種來自土耳其，由水和利蒙果汁 *、糖、琥珀和麝香所製成，極為昂貴精緻的飲品。」便演變成冷凍的冰淇淋雪酪（sorbets）[02]。廚師盡其所能地，將許多當時受歡迎的鮮奶油和卡士達布丁轉變成冰淇淋，或是「冰凍鮮奶油」和「冰凍布丁」（它們最早期的稱呼）。

十七世紀晚期，安東尼奧・拉蒂尼（Antonio Latini）出版《現代管家》（*Lo scalco alla moderna*）時，也在拿坡里擔任一名西班牙貴族家庭的「scalco」，也就是管家。此書是最早記載製冰和冰淇淋食譜的書籍之一，拉蒂尼使用了「*sorbetto/sorbetti*」等語詞，指稱以果汁和鮮奶油製成的冰，一直要到十九世紀時，義式冰淇淋「*gelato*」一詞才開始被使用。拉蒂尼寫到，冰品在拿坡里當地的食用量極大，而拿坡里人天生就會製作冰淇淋。不過，這無疑是誇大其詞，因為拉蒂尼也說，冰淇淋的製作最好還是交給專業人士負責比較好。

拉蒂尼的食譜並無詳盡說明，除非讀者已經悉知製冰技術，否則光靠閱讀他的食譜，是很難學會如何製作冰淇淋的，不過他的冰淇淋口味倒是相當迷人。其中一款牛奶冰（*sorbetto di latte*），以香櫞或南瓜蜜餞調味。製作肉桂冰時，拉蒂尼則會加入松子，他也使用新鮮櫻桃製作酸櫻桃冰，在非櫻桃產季時，則改用櫻桃乾製作另一道櫻

---

* 譯注：Limonds，古代詞語，推測為檸檬或萊姆。

桃冰。食譜中收錄兩道巧克力冰品食譜，對於巧克力飲品佔多數的時代，使用巧克力製冰是十分創新的手法。拉蒂尼稱其中一道巧克力冰為冷凍慕斯，在冷凍過程中應持續不斷攪拌。這是他唯一一次提到需要攪拌混合物，未來的廚師則會強調攪拌的必要性。拉蒂尼也指出，冰須同時具有糖和雪的質地，不應硬如冰塊。接下來數年出版的冰淇淋食譜並不多。一般來說，跟鮮奶油的製作相比，冰淇淋製作更著重於冷凍技巧。格拉斯夫人和拉法爾德夫人也有相似的食譜。以下是拉法爾德夫人的食譜：

將十二顆熟杏桃削皮、去籽並燙過，放入精細的大理石研缽中，磨成細碎。加入六盎司雙重工法精製糖（double-refined sugar）、一品脫加熱鮮奶油後，以布細篩網過濾，倒入可密封的鐵罐中，再放入一個裝有小碎冰及大量鹽的盆中。當鐵罐邊緣的鮮奶油變濃厚時，應加以攪拌，並放回盆中，直到內容物的質地全面變得濃厚為止。待所有的鮮奶油冷凍後，從鐵罐中取出，並放入模具當中，蓋上蓋子。準備好另一盆與先前相同的冰和鹽，將裝有冷凍鮮奶油的模具置於中央，下方與上方皆有碎冰，靜置四或五小時。將內容物倒出模具前，請先將模具浸於溫水當中。如果是在夏季製作，一定要等到使用前一刻，才將其倒出。若無杏桃，也可以使用任何其他水果，只要確保水果研磨至細碎即可 [03]。

1768 年，《西點廚房製冰之藝》（*L'Art de bien faire les glaces d'office*）一書終於在巴黎出版了。這是由糕點師 M．艾密（M. Emy）所著，首本以製冰與冰淇淋為主題的專書。我們對艾密生平所知甚少，只知道他技藝精湛，書中含有超過一百份食譜，以及冷凍、塑形和招待的指南。艾密的寫作對象是專業糕點師，他的指示明確，並宣稱只要小心遵照說明，便能製作出「完美」（parfait）的冰淇淋。艾密

S 1. Jelly of two colours.　T 1. Raspberry Cream.　U 1. Centre Dish of various Fruits
　V 1. Trifle.　W 1. Strawberries au naturel in ornamental Flowerpot.

畢頓夫人以簡單卻高雅的風格來展示果凍、鮮奶油、乳脂鬆糕和水果甜點。

的冰淇淋口味與今日最大膽的糕點主廚旗鼓相當，例如：龍涎香、
黑麥麵包、鳳梨、白咖啡、帕瑪森起司和葛瑞爾起司（Gruyère）、
松露（菌類）、香草等諸多口味。

艾密雖是個完美主義者，仍相當腳踏實地，他相信，使用當季水果
和莓果才是較佳的選擇，除了口感新鮮之外，品嚐時那份充滿期
待的愉悅心情，也爲美味帶來加乘的效果。而在冬季無法取得新鮮
水果時，艾密則建議使用巧克力、咖啡、肉桂或是其他的香料來製
作冰淇淋。不過，他還是說明了如何以醃漬水果製作冰淇淋，因爲
他明白，即便在冬天，糕點師的雇主仍會要求供應水果口味的冰淇
淋。艾密反對在冰和冰淇淋中加入酒精，但若眞的非加不可，他也
提供了以下建議，他認爲，使用黑櫻桃利口酒、蘭姆酒或是加烈酒
（ratafia）即可，不過艾密也表示，他對成品的品質一概不負責。04

來自 1778 年賽佛爾（Sèvres）出品的
冰淇淋容器，兼具實用與美觀，提桶
和凹陷的蓋子都可以填裝冰來保冷。
內部的容器則用來盛放冰淇淋。

艾密和其他糕點師們會將冰淇淋以模具塑形並上色，模擬出水果、蔬菜、花朵和其他異想天開的形狀，就跟更早期麥片布丁、切片鮮奶油、果凍和其他鮮奶油所製成的仿真料理一樣。他們將冰淇淋製成錯視風格（trompe l'oeil）的魚，就像伊爾斯夫人的鱒魚鮮奶油一樣。他們也製作了冰淇淋香瓜、西洋梨、醃瓜、天鵝、魚、火腿等形狀。有些糕點師的仿真技巧極爲高超，時不時便有用餐者上當受騙，當賓客發現各類水果、肉類和魚其實是冰淇淋時，大部分的人的反應都是驚艷又欣喜不已。這樣的惡作劇就跟成功騙過又逗樂瓦魯瓦王朝亨利三世的糖宴一樣，旨在增加用餐趣味。

類似的冰淇淋軼事層出不窮。在《徹頭徹尾的好廚師》（*The Thorough Good Cook*, 1895）中，作者喬治・薩拉（George Sala）記述自己曾經在維也納目睹驚人的冰淇淋。他寫道：「他們端上外型極爲擬真的龍蝦、生蠔、蘆筍束，甚至是羊肉片和小塊火腿形狀的冰淇淋。」有一年，薩拉爲親友主持一場晚宴時，決定要親自嘗試一下「鮮奶油冰驚喜」。他烤了好幾顆大型馬鈴薯，直到外皮「變皺而非平滑」剖半後舀出薯肉，並刷上蛋白，內部填入冰淇淋。接著，薩拉將兩瓣馬鈴薯闔起，並將「贗品」擺放在盤中一張餐巾上，在菜單上，這道料理稱作「鐵罐風烤馬鈴薯」。根據薩拉的紀錄，大部分的賓客都上當了，有個賓客說：「太驚人啦！」另一個賓客則說：「我眞是不敢相信。」但卻有個人眨眨眼，取了一顆馬鈴薯，打開，揭曉其中的甜點。當有人問他是怎麼發現的，此人答道：「烤馬鈴薯……是不會放冷才端上的，還有，端上眞的馬鈴薯時，賓客們的身前才不會放著玻璃盤，一旁還附有冰淇淋勺。」[05]

普天同享的甜點

隨著工業革命從英國傳至德、法、美等國家，人民的生活出現了巨大深遠的改變，好壞影響皆有。其中包含了製冰技術的改良，市面上也出現了連普通老百姓都負擔得起的冰淇淋。十八世紀時，家境較寬裕者，或許已能取用池塘或是湖中的冰，家中也有冰窖來保存冰。一直要到十九世紀中期，美國人弗雷德里克·都鐸（Frederic Tudor）將冰的取得、保存、運送和販賣轉型成國際商業活動之後，冰才成了幾乎人人皆可取得的東西。都鐸和後來崛起的競爭者們將冰變成了一項商品，運送至世界各地、各家各戶的門前，而保存冰塊和冷食品的冷藏櫃，則變成了常見的家用品。冰的普及化影響深遠，隨著以冰保冷的火車車廂出現，長途運送新鮮水果、蔬菜、魚和剛屠宰的肉類至新市場，不再是不可能的任務，食物的運送配給也因此改變。除此之外，冰也用來治療高燒病患，改善了醫療照護，隨著取得冰的管道漸增，也讓冰淇淋的生產與銷售更具市場價值。

當都鐸將冰從波士頓運送至加爾各答時，印度的冰淇淋產業便就此萌芽。在今日的印度各地，人們享用芒果、開心果和無花果口味的冰淇淋，而外層裹有巧克力的「巧克力冰棒」特別受孩子們喜愛。該國的傳統冷凍甜點，即傳統印度雪糕（kulfi），其製作方法首先要將牛奶滾煮直到焦糖化，接著加入糖、開心果、杏仁和玫瑰水，與冰淇淋有所不同的是，混和後的溶液不須攪拌，而是直接冷凍，並在圓錐形的模具中塑形而成 [06]。

1843 年，來自美國費城的南茜·強森（Nancy Johnson）發明了第一台使用外部曲柄來牽動內建攪乳器的冰淇淋冷凍機。她的冷凍機省去了打開容器攪拌冰淇淋混合物的需求，並加速冷凍過程，不論對

在 1805 年的巴黎，吃冰淇淋是一件高貴優雅之事。

專業廚師或一般人來說，製程都變得更加簡單。冷凍機能夠將冰淇淋混合成艾密等西點師建議的滑順質地，常被分派攪製冰淇淋任務的男孩們，也因這台機器獲得了舔攪拌槳的犒賞。1844 年在英格蘭，西點師湯瑪斯・馬斯特（Thomas Masters）也發明了一台類似的冰淇淋冷凍機，且該機器還能製冰，馬斯特也因此成了初代以食品機械製作冰淇淋的人之一。不過，由於當時非機器製出的冰品已經相當普遍，也被視為較安全的選項，因此馬斯特的機器銷售不甚成功。

隨著人們持續鑽研與改良，到了十九世紀後半時，不論是家用還是

專業的冰淇淋機，已十分普遍。商品誌中廣告的冰淇淋機，由馬力轉換爲蒸汽驅動，供飯店、餐廳、冰淇淋店和甜點店使用。卽便是在以冰淇淋爲一國之榮的義大利，也重用進口的製冰器材。佩列格里諾‧阿圖西（Pellegrino Artusi）在《廚房中的科學以及吃得好之藝》（*Science in the Kitchen and the Art of Eating Well*）中寫道：

> 感謝美國的冰淇淋製造機，有三倍的動力，還不需要抹刀，讓製冰變得更加簡單迅速，若不多加享受這道美食，真是太可惜[07]。

隨著新器材崛起與冰的普及化，不論是家庭廚師還是街頭小販，人人都開始製作冰淇淋，此舉讓菁英西點師和其他傳統主義者們憤恨不已，《老倫敦的街頭叫賣聲》（*Old London Street Cries*, 1885）作者安德魯‧圖爾（Andrew Tuer），對於便士冰（penny ices）品質提出了疑慮。這道冰稱作「蜂巢糖霜淇淋」（Hokey-pokey），由街頭小販兜售，圖爾描述它們：「甜且冰得可怕，跟磚頭一樣硬，有人謠傳，它的基底是由無害的瑞典蕪菁打碎成泥製成，再加上來自乳牛、較爲昂貴一點的原料。」[08]英國西點師弗雷德里克‧T‧范恩（Frederick T. Vine）則形容街頭小販的冰很「可疑」[09]。1883年版《西點師期刊》（*Confectioners' Journal*）的美國編輯則敵意更深，並將這些「廉價成衣廠生產線工人」製作的冰淇淋，描述如下：

> 詐騙般墮落的工廠製品、偸工減料的鮮奶油、教會跟慈善市集的鮮奶油、寄宿屋和救濟院的鮮奶油──這些都不是真正鮮奶油，頂多只能說是充滿泡沫般的爛泥巴漿，裡頭加入了更噁心的「調味料」，至於原料是什麼，恐怕只有魔鬼的化學密使才知道[10]。

然而，這些評論在歷史上卻是少數派。冰淇淋遍地開花，世界各地

SPECIMENS FROM
THE BOOK OF MOULDS,
Containing 68 pages of Illustrations, published by
MARSHALL'S SCHOOL OF COOKERY
And sent Post Free on application.

SMALL MOULDS and FORCING PIPES.

No. 205.
COPPER EGG.

No. 217B.
SWAN MOULD.

No. 208A.
COPPER
BALLETTE MOULD.

15s. per doz.

12s. per doz.

15s. per doz.

No. 220.
ROSE
FORCING
PIPE.

No. 201.
CORNET TINS.

No. 222.
PLAIN
FORCING PIPE.

2—INCHES

2—INCHES

6d. each.

2s. 6d. per doz.

6d. each.
3 sizes of Mouth,
⅛, ¼, and ½ inch.

No. 223A.   ARTICHOKE.

No. 221.   VINE LEAF.

New Design (Registered), 1¾ in. diam.
10s. per doz.

3s. per doz.

阿格尼絲·馬歇爾夫人在 1894 年的著作《花式冰點》（*Fancy Ices*）中，為自家的冰淇淋模具打廣告。

不論幾歲，享用冰淇淋在人們心中別具地位。

的人們無不喜愛，1891 年，環遊世界的漢堡美洲行包航運（Hamburg American Packet）蒸汽船貨艙中載著冰淇淋，菜單上當然也提供了冰淇淋。從此之後，冰淇淋總是列在蒸汽船，以及鐵路餐車、旅館、餐廳和美國藥局汽水機（soda fountains）的甜點菜單上，通常還搭配

蛋糕或派。家常廚師和西點師都會製作冰淇淋，或在街頭販賣，或在冰淇淋店中供大眾享用，不分貴賤地提供給芸芸眾生。

從城堡到小屋

糕點廚師之藝，在所有文明當中都受到愛戴。此技藝源於人類文明之始——只要在人類面前擺上麵粉、奶油和蛋，他必定會試著以不同的方式來混合這些食材，創造出味覺享受。這也是蛋糕和布里歐麵包（brioche）的由來。人們逐漸在糕點中加入蜂蜜、糖，和水果，並創造出更多元的組合，最後，從小屋至城堡，傳統蛋糕在所有重要場合和節慶時，都在共濟會的晚餐桌上增添光輝[11]。著名的法國主廚朱爾·古菲（Jules Gouffé）在西點食譜書序中，寫下了這段蛋糕製作簡史。他還記錄，在更早以前：

顧客會從一個叫做「便士舔」（penny lick）的玻璃杯中舔冰淇淋，接著再將杯子歸還給小販。至於每次用畢是否經過清洗，就不得而知了。

> 淑女訓練當中，糕點元素知識佔了相當重要的一環。貴族淑女、富有市民的千金、修道院當中的避世者們，都為點心多樣的準備方式，貢獻出她們的巧手[12]。

他說，此書不只寫給專業的男糕點主廚，也寫給女性讀者。早在遠古時期，男性和女性便開始製作實驗性的蛋糕和其他甜食料理，這點古菲說得不錯，但他卻忽視了工業革命在冰淇淋和蛋糕等甜點民主化中，所扮演的角色。十九世紀期間，新的烤箱、炊具、模具、酵母、原料、交通運輸和冷藏方式陸續出現，改變了業餘糕點師及專業甜點廚師的作品，新食譜書也帶來影響。當時，食譜書數量激

雖然冰淇淋小販受到菁英西點師鄙視，他們的商品卻被孩童所擁戴。

增，特別是專爲持續擴大的中產階級所寫的食譜書。有些書籍甚至附有彩色插圖，書中不止含有食譜，還提供晚宴計畫、料理擺盤，和打造時髦餐桌的建議。許多書是由女性爲女讀者而寫，但有些男主廚也開始爲女性，以及一般多爲男性的專業廚師撰寫書籍。全新的發展引領烘焙技藝走向新局面，廚師們也開始創造出種類多元到令人目眩的甜點料理。

更簡易的烘焙烤箱

新器材和原料簡化了冰淇淋的製作過程，並降低價格，同樣地，新式烤箱也將烘焙推向新高度。廚師一旦習慣了新烤箱，使用起來比過去更簡單且有效率。十九世紀早期的荷蘭、英國和美國，人們開始使用燒木柴或木炭的鑄鐵烤爐，雖讓烘焙變得簡單，卻仍需爲烤箱添加大量的木炭或木頭作爲燃料。到了 1826 年，英格蘭發明家詹姆斯・夏普（James Sharp）取得瓦斯爐的專利，煤氣燈（gas lamp）也開始點亮城市，而許多都市家庭也開始在廚房中裝置新的瓦斯爐。然而有些人們抗拒改變，就像總有人抗拒新科技一樣，不過倫敦高級革新俱樂部的明星主廚亞列西斯・索耶（Alexis Soyer）卻強力推薦瓦斯爐，且此舉很有可能加速了大衆對這項科技的接受度。他寫道：

使用瓦斯爐更符合經濟效益，因爲它無須提前準備，只要在使用的那一刻點燃即可，用畢後便可立刻熄滅。然而，瓦斯爐只能在倫敦和其他大城市使用，我認爲這一點相當可惜，但也只有在這些地方，才最需要用到它們，因爲城市中的廚房比鄉村的還要小，即使在最狹窄的廚房中，瓦斯爐也不會產生高溫 [13]。

儘管索耶沒有特別提到，但家庭廚師一定特別感謝這項發明，因爲

從此以後，大家再也不需要扛著大量柴火或木炭到火爐前了，廚房也變得更加乾淨。到了二十世紀早期，更多城市開始使用電力後，電磁爐的應用也隨之展開，此時，瓦斯和電磁烤箱終於附有溫度計，雖然這項科技其實已經過多年的實驗與運用。在新烤箱和可控熱源出現之前，廚師必須仰賴個人經驗來判斷烤箱是否已預熱完畢，以及預估各類食物的烘焙時間。食譜會使用微熱（slack oven）、中溫（quick oven），或是高溫（brisk oven）等詞彙來作為指示。有些廚師則會藉由將手伸入烤箱，依所能停留的時間長短，來判斷烤箱的熱度，或者將一張白紙放入烤箱中，觀察紙張變成棕色所花費的時間。在描述起司蛋糕的烘焙過程時，拉法爾德寫道，若烤箱過熱，會烤焦蛋糕，並「奪走它們美麗的外表」，而「溫度過低的烤箱則令它們感到憂傷」[14]。

英格蘭食譜書作家伊麗莎‧阿克頓（Eliza Acton）建議，在製作一道西洋梨甜點時，可將麵包延展後，再放入烤箱中，並烘烤一整夜。她說，這道甜點「在風味上，會比加糖燉煮或烘焙的梨子更為精緻。」[15] 麵包需要使用可達較高溫度的烤箱烘焙，而隨著烤箱降溫，便能以正確的溫度緩慢地烘烤西洋梨。阿克頓在蛋糕篇的序言中寫道：

> 輕盈的蛋糕需要溫度較高的烤箱，來發酵或定型；極濃郁的蛋糕只要維持足夠的熱度，便足以完成烘焙；製作較小的糖蛋糕則需要小烤箱，避免在烤到一半時，就轉變成深色。薑餅也需要以中溫烘焙，除非是稍厚的薑餅，至於蛋白霜、馬卡龍和加烈酒都能承受稍熱一點的溫度[16]。

1904 年時，作家亨莉葉特‧戴維迪斯（Henriette Davidis）在擁有德英兩種語言版本的《為美國廚房設計的日耳曼國家烹飪法》（*German*

VERSCHILLENDE GEBAKKEN.

1. Brioche. — 2. Manqué. — 3. Timbale van amandeldeeg gevuld met room en aardbeien. —
4. Croquembouche van genueesch gebak. — 5. Parijsche Nougat. — 6. Biscuit. —
7. Sultane. — 8. Breton.

古菲 1893 年於鹿特丹出版的著作，運用色板（colour plates）突顯甜點的美麗外觀。

National Cookery for American Kitchens）中，建議使用紙來判斷烤箱熱度，方法如下：

> 烤箱的加熱程度，可以透過紙來測試。若紙在烤箱中很快便轉為黃色（而非黑色），代表已達到第一級熱度，對酥皮麵糰和酵母麵糰來說，已經足夠；如果紙緩慢地變黃，則代表達到第二級熱度，適合大部分的食品烘焙；更低的第三級熱度則適合蛋糕類烘焙，因為此時避免過度濕潤的重要性大於烘烤[17]。

到了世紀之交時，部分烤箱已附有溫度計，而書籍也開始標示烘焙的溫度。1904 年英格蘭西點商業誌《蛋糕之書》（*The Book of Cakes*）中，有些食譜將烤箱溫度載明為華氏 300、350 或 375 度（攝氏 150、175、190 度），其他的食譜則僅寫著「烘焙」。一則刊載

根據這份 1870 年的新式火爐廣告，其使用方法簡單到連孩童都可以動手烘焙。

於書中的「全新專利瓦斯烤箱」廣告表示，「瓦斯供給完全在您的掌控之下，能夠順利地調節熱度」[18]。

二十一世紀時，有些廚師則回歸早期的炭烤手法。2016 年 6 月 26 日《紐約時報雜誌》（*New York Times Magazine*）一篇文章中，山姆·席夫頓（Sam Sifton）建議在木炭已覆蓋一層灰色灰燼、溫度達到中溫時，將雞肉放上烤架。他描寫的溫度判斷方式如下：「當你可以將手放在木炭上方五吋處撐 5 至 7 秒鐘。」[19]

謀生工具

除了新型烤箱，廚師也得到了其他新工具，現代十分常見的鋼絲攪拌器和機械打蛋器，對當時的廚師們來說可是一大躍進，有了它們，再也不需要花上一個多小時用樹枝打蛋跟麵糊了。烤蛋糕和餅乾，以及製作蛋白霜和其他甜點的容易度大幅提高，對廚師的手腕來說也更省力。多種不同的機械打蛋器在十九世紀中期取得了專利權，其中「多福」（Dover）成為了最知名的品牌。在美國，它的人氣高到連食譜都常常指示廚師「使用『多福』攪打五分鐘」[20]。而英格蘭和歐洲廚師對打蛋器的熱情，則沒有像美國的廚師強烈，他們較偏好鋼絲攪拌器。至少，似乎沒有人死守用樹枝綑打蛋的傳統。

這時的廚師也掌握了更優異的測量方式。直到十九世紀晚期，量杯和量匙才現身於市場上，在此之前，食譜多使用如茶杯或是酒杯等杯具，來測量液體食材，並以鹽匙來測量非液體類的食材。他們也會使用貨幣來計量，例如一便士大小的香料，或是「足以覆蓋三便士錢幣的肉桂粉」[21]。索耶根據不同的料理指示讀者，將酥皮麵皮擀成半便士或是八分之一便士厚度，在某些料理中，他甚至將麵糰切

成二十份，且每一份「都比一便士大」[22]。通常，與其指定定量的糖，食譜只會要求廚師依個人口味添加甜味。有些食譜則會指示加入「足量」的某項食材，至於多少才是足量，就要廚師自行判斷了。

歐洲廚師開始使用更精確的重量，而非體積來進行測量，至於在美國，則以量杯和量匙取代酒杯和手掌，作爲量測的基準。十九世紀美國的「杯子」蛋糕食譜，往往指的是根據簡單的一、二、三、四杯公式，來製作蛋糕，例如：一杯奶油，兩杯糖，三杯麵粉和四杯蛋液，以及一小匙泡打粉，並非我們今日所知的「杯子蛋糕」。而受歡迎的《波士頓烹飪學校食譜書》（*Boston Cooking-School Cook Book*, 1896）等美國食譜書，則堅持使用精確的標準化測量方式，並且推進了從重量改成體積計量的運動。關於這點，歐洲和美國現今仍依循各自慣例，但現代有些食譜會同時附有重量和容量的計量方式，廚師可以選擇最適合自己的方法。經驗豐富的廚師可能不需要特定溫度指示，或使用標準化的量具，才能量測烤箱的熱度，但年輕的廚師往往有這樣的需求，特別是在離鄉背井之時，若無人引導，年輕人便容易淪爲市售簡易烹飪新品和即食混合包的現成客戶。

蓄勢待「發」

1790 年，山繆·霍普金斯（Samuel Hopkins）以鉀（potash）的製作過程——一種早期的發酵法，而獲頒喬治·華盛頓所簽署的首項美國專利。一直以來，廚師們都運用酵母菌，來使蛋糕蓬鬆化並製作出麵包，並使用打好的蛋白讓海綿蛋糕發酵。艾蜜莉亞·席夢斯使用木灰（wood ahses）製成一種稱爲「珍珠灰」（碳酸氫鉀）的膨鬆劑，另一種被美國人稱作「空劑」（emptins）的液體膨鬆劑，則以啤酒花或馬鈴薯自製而成。然而，十九世紀引進的商業性化學膨鬆劑，

使十九世紀晚期和二十世紀早期的蛋糕烘焙量大增。

由於妻子無力消化活酵母菌，英國化學家兼伯德父子有限公司（Bird and Sons Ltd.）創辦人阿爾弗雷德·伯德（Alfred Bird），開始進行另類酵母的實驗。1843年，他研發出「伯德發酵粉」，也就是後來的泡打粉，伯德很快便開始進行量產，他也開發出卡士達和奶凍粉。1898年版的《實踐性烹飪法百科》（*The Encyclopædia of Practical Cookery*）在並未提及品牌名稱的情況下記述道，「奶凍粉成包販賣，使用現成的混合澱粉製成，成效良好且平價。」[23]

使用打蛋器快速攪拌，比使用樹枝來得輕鬆迅捷多了。

德國的奧古斯特·厄特克（August Oetker）將足以發酵500克（1.1磅）麵粉的粉末包裝於小信封中，向家庭廚師販售這款「Backin」泡打粉[24]。在美國，最知名的品牌包含朗福德（Rumford）、戴維斯（Davis）和酸女孩（Clabber Girl）泡打粉。儘管商品安全性受到爭議，也有人不認同它們的口感，但來到二十世紀時，塔塔粉（cream of tartar）、小蘇打粉和泡打粉都已普遍運用在烘焙過程中。十分省時的化學膨鬆劑被認為無安全疑慮後，銷量便持續上漲。女性雜誌刊載了使用這些新產品的食譜，而製造商也多會邀請知名的廚師和食譜書作者執筆，在自家食譜和手冊中宣傳這些商品。

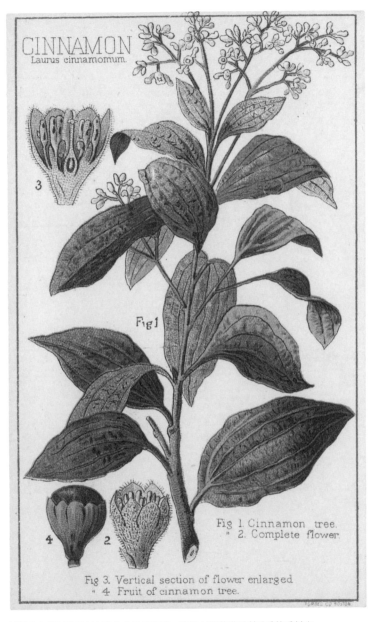

CINNAMON
Laurus cinnamomum.

Fig 1

3

4   2

Fig 1. Cinnamon tree.
  " 2. Complete flower.

Fig 3. Vertical section of flower enlarged
  " 4 Fruit of cinnamon tree.

這張十九世紀的香料商名片上繪有肉桂—歐洲人環遊世界所尋覓的香料之一。

由於妻子對蛋過敏，阿爾弗雷德在 1837 年發明了以玉米粉作爲基底的仿卡士達粉。儘管有人說，它一點也比不上真正的卡士達，也不減卡士達粉的人氣持續攀升。

早在 1895 年，美國皇家泡打粉公司（American Royal Baking Powder Company）就將消費者提供他們的食譜集結起來，出版了這本《我最愛的食譜》（My Favorit Receipt），其中收錄派、餅乾、布丁、甜甜圈和蛋糕，以及鹹食料理和飲品等製作方式。當然，就算不是全部，多數食譜也都需要用到皇家泡打粉，其中一道食譜「選舉蛋糕」（我曾祖母的食譜），由麻塞諸塞州琳菲爾德的史蒂芬·吉爾曼太太提供，她的食譜使用了一小匙皇家泡打粉，並提到：「若當時祖母有皇家泡打粉，一定也會使用它。」書中大部分的食譜仍以段落敘述的形式撰寫，不會描述混合流程、鍋子大小或是溫度等詳細資訊。以下便是一道相當典型的食譜：

茶餅（TEA BISCUIT）

1 夸脫鮮奶油、2 夸脫麵粉、4 小匙皇家泡打粉、1 小匙鹽。

在快速烤箱中烘焙 10 到 15 分鐘。

——來自紐澤西州費里霍（Freehold, N.J.）的詹姆斯·S·帕克太太（Mrs. James S. Parker）[26]

布丁之傲

布丁的誕生不僅歷史悠遠且充滿故事。不論是埃及、英格蘭、義大利還是印度，從古至今，各地的人們都會製作某種麵包布丁，食譜繁多，且種類五花八門。漢娜·格拉斯（Hannah Glasse）的小條瘦麵包（meagre little bread loaf）便是以浸泡在牛奶中，再綁在布丁布內滾煮製作而成，這是最簡樸的布丁種類之一；法國的蘋果夏洛特「*charlotte aux pommes*」，含有濃厚奶油千層麵包和蘋果，屬於較濃郁又奢華的布丁種類。

早在西方人發現米布丁（*payasam*）之前，亞洲人便已享用它數個世紀，在印度，幾乎每個地區都有各自的版本。而在印度喀拉拉（Kerala）這個小邦則發展出兩種令他們引以爲傲的黑白米布丁。黑米布丁使用椰奶、醃波羅蜜、香蕉或米製成，搭配印度粗糖（jaggery，一種未經精製的棕糖），白米布丁則使用牛奶、糖和米或麵線製成。在西南印度，喀拉拉據說代表著「椰子樹的國度」，而椰子也是當地主要甜點。根據斯里喀拉拉瓦馬學院（Sree Kerala Varma College）的助理教授福琳妲·瓦馬（Vrinda Varma）所述，「印度米布丁便是酸奶布丁（chakka pradhaman）之王。」後者則是由菠蘿蜜果醬、椰子奶油、薑、椰子片和印度酥油（澄清奶油）製成[27]，有時會加入腰果或葡萄乾，但跟大部分的米布丁有所不同的是，內部不含米飯。

泡打粉不只啟發了甜點轉型，也提供靈感創作趣味廣告。（廣告詞中寫到：國際泡打粉打斷了湯姆貓的午覺。）

19 世紀的英格蘭，製作聖誕布丁是一項家族活動。

米布丁可以樸素簡單，也可以慷慨豪奢地加入鮮奶油、蜜餞水果、利口酒和卡士達，就像法國的女皇米布丁（*riz à l'impératrice*）一樣，拉丁美洲米布丁（*arroz con leche*）則會加入浸龍舌蘭的葡萄乾。葡萄牙人在節慶場合時，會以渦旋狀的肉桂來裝飾他們的米布丁（*arroz doce*）。未經裝飾的樸素米布丁有時是相當乏味又無聊的，在 A・A・米恩 * 的詩作《米布丁》（*Rice Pudding*）中，瑪麗・珍（Mary Jane）又一次因為米布丁餐而「用盡全力放聲哭鬧」[28]。在 1920 年代的英格蘭，在米恩撰寫此詩之時，米布丁是尋常的育兒餐點，他充分了解米布丁究竟可以多乏味。

李子布丁、板油布丁（suet）、果醬捲（roly-poly）和斑點（spotted dick）等英格蘭經典蒸布丁（steamed puddings），源於古希臘的肉類和血布丁。當時會將類似香腸的混合物裝入洗淨後的動物內臟中滾煮，通常在宰殺動物後便會立刻製作這類布丁，以用盡所有易腐爛的肉類、血和內臟。此類布丁當中最知名的，便是受詩人羅伯特・伯恩斯（Robert Burns）讚頌為「布丁一族的偉大酋長！」的蘇格蘭羊雜碎布丁（haggis）。這類布丁當然鹹多於甜，但受限於製作食材需要腸子，因此只在屠宰動物之時，才能製作。十七世紀期間，有人想出了絕妙的主意，改用密織的布料取代胃或腸子，來包裹布丁混合物。布丁布的發明並非科技奇蹟，卻促成了布丁的轉型。起初，這類布丁仍是豐盛的肉類料理，但逐漸地，廚師開始加入水果、糖和香料，創造出更輕甜的布丁：甜點布丁。查爾斯・狄更斯的作品《小氣財神》中，讓讀者印象深刻的李子布丁，便屬於這類。不論是自製還是市售的李子布丁，至今仍是不列顛不可或缺的聖誕甜點。

---

* 譯註：A. A. Milne，英格蘭作家，以創作《小熊維尼》系列故事聞名世界。

十九世紀，製造商開始大量生產錫製布丁模具時，布丁的人氣達到前所未見的高峰，英格蘭的餐桌上幾乎每頓飯都會上一道布丁。伊麗莎・阿克頓在《私密家庭的現代烹飪法》（*Modern Cookery for Private Families*）一書中，從「出版商布丁」、「再濃郁都不會錯」……到「窮作家的布丁」，一共十幾道布丁食譜，即使是廚房沒有雇用僕役的家庭，也能製作出可口的模製蒸布丁。在美國，艾絲特・艾倫・豪蘭（Esther Allen Howland）在《新英格蘭經濟管家》（*The New England Economical Housekeeper*）中，收錄有五十道布丁食譜。不僅限於英國、美國，布丁也現身在其他國土、社會階層兩端的餐桌上。著名的法國主廚烏爾班・居柏瓦（Urbain Dubois）在著作《藝術烹飪法：為貴族士紳以及大眾娛樂所用的實用系統》（*Artistic Cookery: A Practical System for the Use of the Nobility and Gentry and for Public Entertainments*）中，納入了一道由模具製成的英格蘭李子布丁食譜。居柏瓦說道，李子布丁在各國都相當著名，備受人們喜愛，但他的版本成果最佳。[29]

下面是一道來自畢頓夫人、算是比較簡單的布丁食譜：

阿爾瑪布丁（ALMA PUDDING）

1237. 食材－1/2 磅新鮮奶油、1/2 磅的糖粉、1/2 磅麵粉、1/4 磅紅醋栗、4 顆蛋。

製作方法－將奶油打發成濃厚的鮮奶油狀，逐步攪拌加入糖，將兩者充分混合；接著和入麵粉，加入紅醋栗，浸入充分攪打好的蛋液中。所有食材確實攪拌混合後，在能保持麵糰外型完整的模具中抹上奶油，以布綁住模具固定，將布丁放入滾水當中，滾煮 5 個小時後，從模具中倒出布丁，再撒上些許糖粉，並端上桌。

時間－6 小時。平均花費，1 先令 6 便士。

5 或 6 人份。

適用任何季節[30]。

這套兩件組韋奇伍德模具出產於十九世紀初，使用時會將澄清的果凍倒入兩個模具之間。果凍凝固後，小心移除單色的外部模具，顯露出包覆著一層閃耀果凍的內部裝飾。

極致而日常的果凍

在過去，高雅的果凍一直都是昂貴的點心，製作也十分困難，因此只有家中雇有僕人的上流社會，才有幸品嚐其滋味，而享受過果凍的幸運兒們，無不陶醉在它的美味當中。伊莉莎白時期時 *，人們以薑和丁香，或是玫瑰水和新鮮草莓來調味果凍，羅伯特・梅（Robert May）則將色素加入果凍中，並以模具塑形成扇貝狀，擺放在好幾層的分層飾盤上，在十八世紀的餐桌燭光下閃耀著。來到十九世紀晚期，大量生產的明膠走入市場，終於將果凍帶入了中產階級的家中。

儘管買得起果凍的人越來越多，製作時間也越來越短，有些新產品仍算不上成功。畢頓太太說道，這些產品「永遠無法」跟小牛蹄製

的明膠一樣「嬌貴」。根據廣告，其他選項包括克羅斯和布萊克威爾（Crosse & Blackwell）等公司生產的現成「超群優異果凍」（JELLIES of unequalled brilliance）[31]。到了二十世紀早期，可靠的吉利丁片與明膠粉上市，這些幾乎能夠立刻達到凝固效果、含有萊姆到黑醋栗等多種口味的明膠，將果凍轉化成了一道便宜、快速又簡單的主流甜點。製造商很快便推出食譜手冊來增加果凍銷量，並將模具低價販售給收集並寄回手冊封面的消費者們。果凍變成了一道平凡但擁有高人氣的甜點，不再只是過往令人歎為觀止的晚宴桌飾品了。

巧克力登場

最令人興奮又便利的新甜點食材之一，便是巧克力了。當然，巧克力本身其實已不足為奇，在西方人發現之前，阿茲特克和馬雅人早就喝了好幾世紀的巧克力。在十六世紀，西班牙征服者將可可豆帶回歐洲後，歐洲人也喝起了巧克力，根據規定，齋戒期間可以飲用熱巧克力，這令天主教徒們大為振奮。巧克力的脂肪含量比咖啡或茶等飲料來得更多，除

這張 1870 年的名片上描繪著可可樹。

譯注：1558-1603 年，英格蘭都鐸王朝歷史上，由伊莉莎白一世所統治的時期。

了美味之外，也更具飽足感，使它更受歡迎。十七世紀晚期，便可看見時髦的市民們在倫敦的咖啡館（coffee houses）和巴黎的咖啡廳（cafés）中享用著巧克力，不過，此時巧克力仍只是道飲品，藥劑商和小型乾食材行販售著粗略研磨、不甜的巧克力塊，人們將其磨碎、融化後作為飲料享用，也可在少部分食譜中看見它的蹤影。

拉蒂尼製作巧克力冰淇淋，有些西點師則製作巧克力卡士達、鮮奶油和糖衣甜食，但很少有人將巧克力運用在烘焙中。其中一家美國最早的商業巧克力工廠之一，便是名字取得恰恰好的貝克巧克力公司（Baker's Chocklate Company），1765 年由詹姆斯・貝克（James Baker）在麻州多徹斯特所創立。然而，該公司一開始並沒有製造烘焙用巧克力，而是生產飲用巧克力片。當貝克公司開始製造烘焙用巧克力時，公司名稱便派上用場了。貝克巧克力很快便嶄露頭角，他們的廣告相當好認，只要認明巧克力仕女（*La Belle chocolatière*）的美麗形象即可，該圖像的靈感源自瑞士藝術家尚－艾蒂安・李歐塔（Jean-Étienne Liotard）的粉彩畫 [32]。

十九世紀晚期，荷蘭、瑞士和英格蘭的化學家開發出可可豆精製系統，帶領巧克力的製造與消費走向轉型。在阿姆斯特丹，康拉德・凡・侯登（Coenraad Van Houten）首開先例，磨碎了可可豆，分離出可可脂和可可塊，並製作出更加均質、較不油膩的飲用巧克力粉；在瑞士伯恩，羅多夫・林特（Rodolphe Lindt）發明了「精煉」（conching）製程，製作出質地滑順、純淨、融化的巧克力；在英格蘭的布里斯托，約瑟夫・弗萊（Joseph Fry）則發明了液壓法，製作出巧克力漿，倒入模具便可製成巧克力棒 [33]。此項創新讓巧克力和可可產品在使用上變得更加方便，且比早期的巧克力塊來得更加美味，同時也預告了巧克力甜點的數量將大幅增加。

很快地，各地的家庭廚師和職業廚師們也開始熱情地在蛋糕、餅乾、布丁、塔、醬料和冰淇淋當中加入巧克力，食譜書也開始收錄新食譜，並以全新的手法詮釋現存的食譜。巧克力公司跟其他製造商也紛紛推出充滿自家商品的食譜，並請當時最受歡迎的作者來撰寫。在美國，提及巧克力的食譜，往往會指名使用貝克巧克力等品牌，而現今有些常以巧克力製作的甜點，其實是從以糖蜜調味並加深顏色的甜點改良而來。今日大理石蛋糕上環繞著的深淺花紋，是由香草和巧克力糊加以製做，但在二十世紀之前，深色部分其實是由糖蜜和棕糖調製，而非巧克力所製成。隨著巧克力越來越容易取得，且廣受市場歡迎後，糖蜜便開始退流行了。

「布朗尼」巧克力塊原先是用糖蜜製作的。據說，布朗尼的名稱來自加拿大繪畫家巴默爾‧考克斯（Palmer Cox）在 1880 年代所創作的熱門卡通人物「布朗尼小精靈」（the Brownies）。這些歡樂的搗蛋精出現在雜誌、報紙、樂曲、書籍，甚至包括娃娃、聖誕裝飾和孩童餐具等商品上，柯達公司（The Eastman Kodak Company）的輕型相機也從「布朗尼小精靈」而得名。另一個麻州波士頓的巧克力製造商勞尼氏（Lowney's）出版的食譜書中，最早期的一道布朗尼食譜，便是使用巧克力而非糖蜜來製作。勞尼氏的布朗尼食譜，也成了二十世紀早期新英格蘭社群銷售表現最優良的食譜之一。

勞尼氏布朗尼（LOWNEY'S BROWNIES）

奶油 1/2 杯

糖 1/2 杯

勞尼氏頂級巧克力 2 塊

麵粉 1/2 杯

鹽 1/4 小匙

將奶油打成乳脂狀,加入剩下的食材,塗抹在抹有奶油的紙張上,烘焙十到十五分鐘。從烤箱取出,立刻切成方塊[34]。

即食大成功

十九世紀晚期的專業西點界中,西點師紛紛藉由推出含有彩色圖解,並以新技術印製而成的糕點製作說明書,向大眾展示自己的作品。以英法兩種語言出版自身著作的朱爾·古菲(Jules Gouffe),便是這些食譜書的先驅。很快地,約翰尼斯·馬丁·艾利希·韋伯(Johannes Martin Erich Weber)等德國西點師也跟進,在譯成英、西、瑞典和法語的書中印有彩色插畫[35]。英格蘭西點師 T·珀西·路易斯(T. Percy Lewis)和 A·G·布朗姆利(A.G. Bromley)1904 年合著的《蛋糕之書》中,附有贏得各展覽和比賽的彩色蛋糕設計圖。作者寫道:

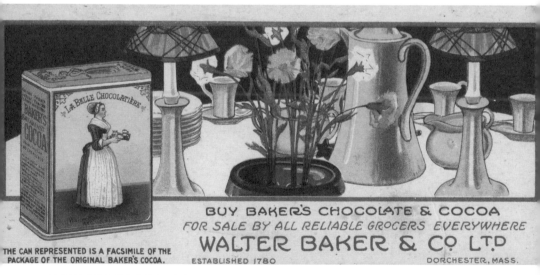

貝克巧克力的包裝和名片上通常會展示巧克力仕女圖。

巧克力取代了糖漿，融入這道經典的大理石蛋糕之中。

在眾多以巴默爾‧考克斯的卡通人物命名的事物當中，甜點布朗尼便是其一。

「布朗尼」的歡樂搗蛋精是早期大量商品化的卡通人物之一。隨著他們的人氣增長,市場推出了紙片玩偶、保齡球瓶等各式商品。

「蛋糕裝飾之藝才剛萌芽。」[36] 書中繪有基本的糖霜擠花技巧和複雜的設計圖,並含有各種蛋糕食譜,從裝飾壯觀的生日、聖誕和受洗蛋糕,到設計上較為簡單的便宜蛋糕,讓烘焙師傅也能為經濟較不寬裕的顧客提供產品。

除了食譜和設計圖,專業西點師也得考量定價、商店陳設和商品生命週期等現實因素。商業誌和書籍中除了食譜,也包含了銷售和陳設上的建議,並附帶形形色色的商品和器材廣告,供烘焙師傅、糕點製作者、冰淇淋製作者等專業人士參考。這些書中刊載了糖霜、糖霜色素、翻糖料(gum paste)蛋糕裝飾和翻糖(fondant)等基本材料,以及各式糖霜擠花袋和花嘴,用來製作葉片、星星和花朵,還有在移至蛋糕上前,用來塑形糖花的裱花釘(nails),不僅如此,還有現成糖花和其他裝飾、瓦斯糕點烤箱、(陳設用的)假蛋糕模型和蛋糕盒的廣告。

阿格尼絲‧馬歇爾（Agnes Marshall）是十九世紀一名成功的廚師、講師、企業家、倫敦烹飪學校（London cooking school）創辦人，同時也是《A‧B‧馬歇爾夫人的烹飪之書》（*Mrs. A. B. Marshall's Cookery Book*）、《冰及花式冰點之書》（*The Book of Ices and Fancy Ices*）等書籍的作者。這些著作展現了馬歇爾的商業頭腦，書中附有許多她的商品廣告，包括萃取物、冰淇淋冷凍機、模具、擠花袋和花嘴、明膠、蔬菜色素，甚至是馬歇爾純蔗糖和糖霜。她也是最早將冰淇淋裝在甜筒中端上桌的人之一，不過，馬歇爾的冰淇淋可是高雅的晚宴甜點，而非街頭小吃。

英格蘭西點師弗雷德里克‧T‧范恩（Frederick T. Vine），同時也是《不列顛烘焙師》（British Baker）商業誌的編輯，還撰寫了《冰品：原型與裝飾》（*Ices: Plain and Decorated*）、《烘焙師的餅乾：製作簡單又可銷售盈利》（*Biscuit for Bakers: Easy to Make and Profitable to Sell*）、《實用糕點》（*Practical Pastry*）、《糕點烘焙師手冊》（*A Handbook for Pastrybakers*）、《廚師和西點師》（*Cooks and Confectioners*）、《櫃檯托盤和櫥窗適用的暢銷商品》（*Saleable Shop Goods for Counter-tray and Window*）、《（內含「人氣便士蛋糕」，烘焙業人士的實用手冊》（*(Including 'Popular Penny Cakes.') A Practical Book for All in the Trade*）等書籍，並向讀者介紹西點師的工作內容。

他的著作穿插著食譜和插畫，記錄了商家針對各類糖霜、蛋糕、餅乾和糕點的預期價格。范恩建議，位在富裕社區的商家，甚至可以將建議售價提升至兩倍。他的書中也含有專門提供給專業人士的食品器具廣告，例如：爐子、冰淇淋冷凍機、一種杏仁切片器和磨碎器等等，此時亦可在廣告中看見即食商品等人工食品，例如伯德奶凍粉。很快地，這些產品將更為普及。1997 年版的《暢銷

商品》（*Saleable Shop Goods*）中，一則含有「帝王化合物」（Regal Compound）的廣告，產品解釋如下：

> 以蔬菜脂肪製成。純淨、可消化，口味平易近人。根據食品保健權威的觀點，它比豬油更為健康、濃郁，有益身心健康，同時在價格上為您省下大筆金錢⋯⋯在製作較便宜的餅乾種類，或是以奶油製作較精緻的料理時非常有用⋯⋯特別為蛋糕製作和烹飪而改良[37]。

好險，在討論食材時，范恩並不建議使用這種化合物。他寫道，「敬告這一行的新手，在製作各種糕點時，奶油顯然是最佳首選。至於那些手藝一流的人，千萬別被騙去購買其他食材了。」[38] 他也建議避免使用蛋黃顏色較淺且小顆的蛋，因為這麼一來就得用蛋色素染色，才能使糕點呈現亮麗的外表。雖然「國內外一流蛋糕和餅乾製造商」所使用的「蛋色素──天然蛋黃色」（Egso），被大力推銷給西點專業人士，但很顯然地，范恩並不認可這項商品。

家政科學家

在當時的歐洲和美國，新家政科學運動也促使烹飪學校大量增加，包括馬歇爾夫人的國家烹飪訓練學院（National Training School of Cookery），這所 1883 年創立於倫敦的烹飪學校，教導女孩們如何精準備料，並為她們日後在貴族家庭中的服務做好準備。英格蘭的國家烹飪訓練學院，校旨在於培訓烹飪教師；斯堪地那維亞和德國為勞工階層婦女與農婦所創立的學校，也教授了烹飪的科學方法；在一次世界大戰之後幾年間，德國的家政科學運動則專注在復甦國家經濟，而非增加休閒時間，或是運用新的優勢烹飪技術等。正如

在這張 1893 年相片中，年輕女孩們在某間烹飪學校中專心聽課。

飲食歷史學家烏蘇拉・海恩澤曼（Ursula Heinzelmann）所指出，德國許多地區在戰後極為貧困，許多家庭都歷經了艱苦的經濟難關，而烹飪和家管的科學方法帶來了效率，確保這些人們不至挨餓。

在美國最著名的家庭經濟學與家政科學學校，便是創立於 1879 年的波士頓烹飪學院。學校的首位校長是瑪麗・J・林肯（Mary J. Lincoln），後來則是芬妮・法默（Fannie Farmer），這兩人除了教學，也撰寫食譜書。這些後世留名的家庭經濟學家們制定了嚴謹的課程、推出書籍著作和雜誌文章。她們的食譜為烹飪帶來了全新的準確度，比起風味和享受，她們更強調測量、營養和消化，其影響所造成意料之外的後果，便是人們開始習慣仰賴遵從指示，而非奠基於個人味覺判斷的烹飪手法。

烹飪器具在維多利亞時代開始量產，而負擔得起的人們，便可在家中廚房備齊這些省時的新穎配件。女性雜誌和食譜書不只提倡使用簡易的產品和器材，書刊中通常還附有齊全的廚房工具清單。隨著時間流逝，這些清單也越來越長。畢頓夫人的書中便列有一些清單，但除此之外，她也寫到詳細內容應參見目錄。她的清單上列著茶壺、烤叉、麵包磨碎器、烤肉叉、咖啡壺、各類平底鍋、一個麵粉盒、果凍模具和製作冰淇淋的冷凍罐。

瑪麗亞・巴爾羅瓦（Maria Parloa）1880 年於波士頓出版的《巴爾羅瓦小姐的新食譜書和行銷指南》（*Miss Parloa's New Cook Book and Marketing Guide*）中列出了更多廚房用品。在「廚房佈置」的章節中，她寫道：「如果有許多花式烹飪需求的話，必定要備有冰淇淋冷凍機、果凍和夏洛特蛋糕（charlotte russe）等各式模具和刀具。」她說，應該先備齊基本用具，接著「將花式烹飪的器材加入收藏」。巴爾羅

瓦的廚房用品必備清單包含:鬆餅烤模、多福打蛋器、各式烘焙鍋具、兩個瑪芬烤模、巧克力鍋、布丁模和盛裝的盤子、蛋糕盒、香料盒、灑麵粉和糖粉用的罐子、攪拌匙、大湯匙、切糕點裝飾用的鋸齒鐵器、餅乾刀具、蘋果去核器、桿麵棍、製作打發鮮奶油的打發攪乳器、派模、手指餅乾模型與烘焙用鐵管(confectioner's tubes)等等。

身兼廚師、家政科學教師、食譜書作家與《仕女家居月刊》(*Ladies' Home Journal*)專欄作家的巴爾羅瓦,甚至針對某些器具推薦了專門的品牌。為了避免受廠商贊助之嫌,她寫道:「沒有一句讚美與商品不相稱,所有推薦語皆未經遊說、暗示,無商業利益交換。」[39]

過不了多久,在美國即便是那些住得離商店較為遙遠,附近只有一家雜貨店的人們,也能擁有一應俱全的廚房了。合理的郵遞費用,提高了郵購的可行性,商品也得以透過鐵路寄送至鄉村聚落。短短幾年內,郵購在全國變得相當便利,1888 年,明尼蘇達州的鐵路車站仲介理察‧西爾斯(Richard Sears)開始利用印刷傳單販賣手錶。西爾斯搬到芝加哥,並與搭擋阿爾瓦‧勞勃克(Alvah Roebuck)一起生產型錄,從槍枝到女用襯衫、縫紉機和廚具,價格合理、無所不賣。西爾斯 1897 年的型錄中,販賣著最新型的爐子、鬆餅烤模、果凍模具、中空蛋糕烤模、瑪芬烤模、土耳其式蛋糕模具(Turk's head pans)、布丁模具和冰淇淋、鐵量杯、多福打蛋器等許多廚具。西部小村莊的主婦們,現在也能擁有跟那些住在城市的表親們相同的烹飪產品,鄉村的人們也可以享用相同的甜點了。

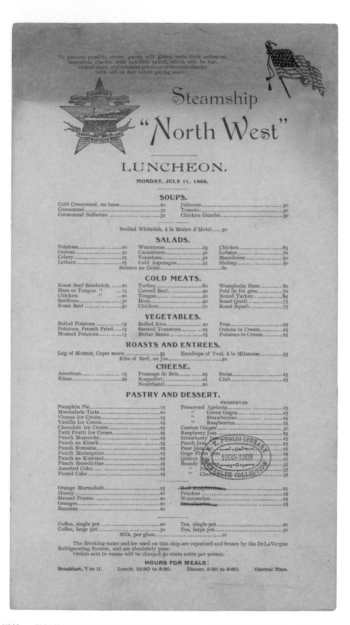

這艘 19 世紀蒸汽船的菜單形式正如當時的流行，使用「糕點和甜點」作爲標題，而非僅是「甜點」。

甜點菜單

隨著世界從十九世紀邁入二十世紀，許多甜點料理也跟著誕生。但負責編寫餐廳菜單的人們卻尚未在甜點分類上達成共識。儘管十九世紀中期，俄式上菜法出現後，「甜點」指的已是一道獨立上菜的甜料理，各餐廳、旅館和宴席菜單上，卻仍以各種別名來稱呼甜點。如果一餐有兩道甜料理，第一道通常會是「糕點」（pastry），並由各種蛋糕、美式夏洛特、手指餅乾、蛋白霜、派、塔和布丁組成。第二道則是「甜點」（Dessert），和我們所想的一樣，它由水果和堅果組成，一如過去幾個世紀的慣例，但許多菜單的甜點分類中，除了水果，也含有冰、冰淇淋或其他明膠類甜品。有些美國菜單會使用「布丁和糕點」為標題，而非只稱作「糕點」，在「甜點」的主標分類下，則列有冰淇淋、水果和堅果。

十九世紀，紐約艾斯特飯店（The Astor House）的一份菜單上，列有四個類別：首先是「裝飾性糕點」（Ornamental Pastry），其中有「哥德聖殿風」（Gothic Temple）和「牛軋糖之花」（Nougat of Flowers）；第二項類別則是「糕點」，包含夏洛特蛋糕、瑞士蛋白霜、香檳果凍、法式鮮奶油蛋糕、巴伐利亞起司、蘭姆果凍和舒芙蕾蛋捲；而在「糕餅」（Confectionary）類別下，則有潘趣蛋糕、馬卡龍、水滴形糖果、杏仁蛋糕、手指蛋糕和波士頓鮮奶油蛋糕，至於第四種類別僅以「水果」標記[40]。1886 年，英格蘭的格蘭維爾飯店菜單，就跟當時許多同業一樣以法文撰寫，並附有三種甜點類別：換場點心「Entremets」由李子派（tartes aux prunes）、柳橙果凍（gelée au citron）、鮮奶油糖煮西洋梨（compote de poires à la crème）以及法式酥皮塔（tartelettes à la pithivière）組成；在冰品「Glaces」分類中，則有糖霜餅乾冰（biscuit glaces）和鳳梨汁（l'eau d'ananas）兩種；最

後一個小標題甜點「*Dessert*」下方，則沒有列出任何料理 [41]。

無獨有偶，利奧波德二世（King Leopold II）和瑪麗－亨利埃特女王
（Queen Marie-Henriette）於 1894 年 5 月 26 日在布魯塞爾所舉辦的
晚宴，同樣可見類似的菜單形式，其中包含三個甜點標題：甜味換
場點心（*Entremets de douceur*），由沃隆佐夫風布丁舒芙蕾（*pudding
soufflé à la Woronzoff*）和夏洛特蛋糕所組成；冰類（*Glaces*）則有香草
（*vanille*）和櫻桃（*cerise*）；最終則是甜點水果（*Fruits, Dessert*），
此標題下並未列有任何料理，據推測，可能由各種水果和一道綜合
堅果構成 [42]。 一直要到 1920 年代，大部分的菜單才會使用「甜點」
作為最主流的標題用詞，下方列有如冰淇淋、海綿蛋糕、水果等所
有甜料理。

當時人們的家中，至少偏向上流社會的餐桌上，可見到相似的分法。
甜點往往會分成兩道端上，第一道是糕點或蛋糕，接著就跟亞列西
斯・索耶筆下的 B 先生所偏好的一樣，通常會在桌布取下後，端上
一道由堅果、乾燥水果和新鮮水果所組成的糖果點心。

來自約西元前 1492－1473 年古埃及圖特摩斯二世（Thutmose II）統治期間的古老水果蛋糕。

第 五 章

甜 點 開 發 演 進 史

雖 然蛋糕的族譜脈絡長遠而廣佈，今日甜點菜單上蓬鬆高聳的
蛋糕，卻跟它們的遠祖交集不大。一直到要十九世紀，廚師
的烘焙技巧才發展到足以創造出我們現今熟悉的各式蛋糕。工業革
命引進新工具、裝備以及材料時，上百種的蛋糕也跟著湧入了甜點
界，讓甜點桌更添光彩。

古希臘及羅馬的起司蛋糕，是擠壓成紮實圓盤狀的起司和蜂蜜，而
非今日濃郁且充滿乳脂的起司蛋糕。水果蛋糕最初使用清蒸，而非
烘焙製作，且是由李子布丁演變而來，再往上溯源，李子布丁本身
又是從充滿肉的粥衍生而出。在義大利，西恩納著名的水果蛋糕稱
作潘芙蕾（*panforte*），最早能追溯至中世紀時期。這道扁平、結實
的水果蛋糕中充滿了堅果和蜜餞，現在成了當地人的最愛，並吸引
了大量觀光客。潘芙蕾指的是堅固的麵包，由於在食材中添加的眾
多香料當中，胡椒最為突出，因此這道蛋糕又稱「*panpepato*」，也
就是胡椒麵包的別名。十六世紀時，這種程度的辣度被認為能增強
產後婦女的元氣，因此親友們往往會將水果蛋糕贈與剛生下寶寶的
母親 [01]。在今日，水果蛋糕常被嘲笑的保久特質，在過去反而是一
大優勢。

中世紀期間，北歐人們享用著各類薑餅，又稱蜂蜜蛋糕，其中常使
用胡椒、葛縷子和大茴香籽（以及薑）來調味。起初，薑餅由基督

宗教的修道院和女修道院製作，後來則由專業行會的烘焙師傅製作，最終，一般烘焙師也開始製作它們。較早期的薑餅通常會使用雕刻細緻的模具烘焙，就跟威化餅模一樣，上頭描繪宗教人物或是貴族形象。它們風靡了全歐洲後，最終也來到了美國。在法國，薑餅被稱作「香料麵包」（*pain d'épice*）；在德國紐倫堡，則叫「*Lebkuchen*」，或是在普爾斯尼茨，稱作「胡椒麵包」（*Pfefferkuchen*）；在義大利，叫「*pane di zenzero*」；而在西班牙，稱作「*pan de gengibre*」。

現在，從柏林到伯明罕，各地烘焙師傅和家庭廚師都會在聖誕期間，建造裝飾精巧的薑餅屋，讓孩子們欣喜不已。啟發格林兄弟《糖果屋》童話的德國傳說中，引誘了主角漢斯和葛麗特的小屋，最初就是由麵包和蛋糕建造而成，而窗框則是由糖製作。在該故事後來的版本中，小屋則由薑餅建成，並以糖果裝飾。

現今我們熟悉的許多蛋糕，都是由甜發酵麵包演變而來的，例如傳統上會在婚宴、洗禮和節慶等喜慶場合端上的咕咕霍夫（*Gugelhupf*）。起初，咕咕霍夫在碗中烘焙，後來則在纏頭巾形狀的模具中烘焙。德語的「*Gugel*」由拉丁語的兜帽或綁帶帽而來，而「*hupf*」則是跳躍或是蹦跳的意思。在中世紀晚期的奧地利，咕咕霍夫會裝飾成節慶頭巾的模樣，而新娘則會將裝飾有花朵和蠟燭閃爍的咕咕霍夫戴在頭上，在婚宴時領頭起舞[02]。隨著時光流逝，咕咕霍夫變得越來越輕、甜味增加，也更接近蛋糕。不過，今日的咕咕霍夫通常被當作早餐麵包或是搭配咖啡或茶的點心使用，不再是一道甜點蛋糕。咕咕霍夫屬於法國人稱作「維也納甜酥麵包」（*Viennoiserie*）的糕點類別——介於麵包和蛋糕之間的甜發酵點心，例如布里歐麵包和可頌。它們可以同時在「麵包店」（*boulangerie*）和「糕餅店」（*pâtisserie*）中販售，然而，雖然如此甜美可口，這些點心仍不被視為甜點。

美國的邦特蛋糕（Bundt）也受到咕咕霍夫啟發。在德國北部，邦特蛋糕又稱作圈型蛋糕（*Bundtkuchen*），但美國人則直接叫它邦特，因為蛋糕會以圓環平底鍋（Bundt pan）烘焙。它們也被稱作「土耳其人的首級蛋糕」，是因為這種漩渦狀並帶有凹槽的鍋子形似纏頭巾。今日的邦特蛋糕食譜口味從巧克力脆片到南瓜不等，絕對屬於甜點蛋糕。

而諸如義大利水果麵包（panettone，在秘魯稱作 *panetón*，在阿根廷稱作 *pan dulce*）、黃金麵包（*pan d'oro*）、鴿子麵包（*colomba*）等的甜麵包，都依循了同樣的傳統。它們可以搭配早餐、當作點心，或是作為甜點使用，這一點跟大部分維也納甜酥麵包有所不同。它們也跟法國的巴巴蘭姆酒蛋糕（*baba au rhum*）和拿坡里的巴巴（*baba*）有親緣關係。巴巴一詞源於斯拉夫語中的老婦人或是祖母。有人認為，之所以使用這個名稱，是因為蛋糕的形狀令人聯想到穿裙子的老婦人。這道蛋糕能追溯回中世紀時期，不過，一直要到十九世紀時，巴巴蛋糕才被浸泡在經典的蘭姆糖漿中，這時，它在拿坡里反倒比在巴黎更加流行了 [03]。後來，法式的環形薩瓦蘭蛋糕（savarin）也加入了這個大家族。這道蛋糕的名稱從美食作家薩瓦蘭（Jean Anthelme Brillat-Savarin）而來。該作家出了名地曾誇下豪語，寫下「告訴我你吃什麼，我就能告訴你，你是個什麼樣的人。」薩瓦蘭蛋糕也由巴巴類的麵糰製成，並浸泡在蘭姆糖漿中。正好相反的是，這類發酵點心卻不被視為甜點。

義大利文藝復興時期尾聲，巴托羅米歐・斯卡皮在 1570 年出版的《工作》（*Opera*）中描述，利用打發蛋白來製作海綿蛋糕。即使這不是首次提到使用蛋，以非酵母來使蛋糕發酵蓬鬆的案例，也是最早的敘述之一。很快地，相似的食譜便紛紛上市。馬克斯・倫波爾

來自 19 世紀英格蘭的木製薑餅模具，可能用於製作一般商家或是集市中販賣的薑餅。

特出版於 1581 年的《一本新食譜書》（*Ein new Kochbuch*）中，便收錄了一道以蛋白來製作餅乾的食譜。1653 年，《法國糕點師》（*Le Pâtissier françois*，通常被認爲是由拉瓦雷納所撰寫。）的出版，也宣告了這段轉型期的完結。食譜書中提到「皮埃蒙特餅乾」（*biscuit de Piedmont*），跟今日的手指餅乾十分相似，還有「薩瓦餅乾」（*biscuit de Savoie*），使用與瑪德蓮類似的模具製成，以上都是從義大利食譜衍生而來的輕盈海綿蛋糕類混合物 [04]。數個世紀電動攪拌器誕生之後，這些蛋糕的製作也變得更容易，也更加受歡迎了。在現代，英國的「*biscuit*」通常與美國人稱作「*cookie*」的餅乾相同，指的是小又甜的烘焙點心，但在《法國糕點師》的時代，「*biscuit*」則指海綿蛋糕。瑪德蓮是我們現今所熟知的小海綿蛋糕，普魯斯特在《追憶逝水年華》（1913）中，透過這種蛋糕而解鎖了一連串回憶，他將瑪德蓮蛋糕描述爲「小扇貝狀的糕點，其嚴密、虔誠的皺摺之下，隱藏著官能。」[05]

Panforte con Marzapane
€ x 100g.

（上）添加了胡椒和其他香料的瑞典香料蛋糕（mjuk pepparkaka），是一道格外可口的薑餅蛋糕。
（下）這道來自聖吉米亞諾糕餅店的潘芙蕾鍍有百合花，頂端還有一層杏仁膏。

蛋糕的發明

十九世紀期間，受新烤箱、材料和廚房補給品所推動，蛋糕的人氣和種類節節高攀。在該世紀尾聲，不論是家庭廚師還是專業廚師，都製作著杏仁、紅蘿蔔、巧克力、椰子、千層、長條狀、大理石（以巧克力製作）、磅蛋糕、海綿蛋糕、香料蛋糕與天使和魔鬼蛋糕（angel's and devil's food cakes）。幾乎每個國度，來自不同社群的廚師們各自研發出獨特的蛋糕。在都會地區，可以從糕餅店購買蛋糕，也可以選擇在家中製作，但在偏遠或孤立、周圍缺少商店的地區，家庭廚師只有自行烘焙的選項。而特別是在英國、美國和斯堪地那維亞國家，高超的蛋糕烘焙技能，也成為一項了不起的個人成就。

在婚前，年輕斯堪地那維亞女性必須精通七種不同的蛋糕或餅乾烘焙[06]。傳統上，在瑞典的鄉村地區，會以「蛋糕桌」來招待朋友，也就是端上十五至二十道不同種類的蛋糕。其中最突出的幾種千層海綿蛋糕，名叫「*lagkage*」、「*bløDkage*」和「*tårta*」。在夏季，女性們以卡士達和新鮮莓果來製作千層；在冬季，則使用果醬和打發鮮奶油。在丹麥，簡單的磅蛋糕（*sandkage*），則被視為「每位家庭主婦的救世主」，因為製作過程迅速，保存上又十分容易，以便可以隨時招待臨時造訪的賓客[07]。

儘管希臘和土耳其人在歷史上有許多相異之處，撇除各方食譜的些微出入，他們共享了一道叫作糖漿漬粗粒小麥粉蛋糕（*revani*）。這道蛋糕可以使用檸檬調味，或是將杏仁粉加入麵糊當中，糖漿可以簡易如糖、水和檸檬皮的混合物，或是以丁香、肉桂或白蘭地調味。每位廚師都有各自獨特的調味方式，不過大部分的準備方式總是相同。廚師將蛋糕從烤箱中取出後，便會立刻在頂端倒上糖漿，使蛋

糕變得誘人地甜美又濕潤。樸實的廚師們有時則會節儉地運用製作小匙甜點時剩下的糖漿來調味。

十九世紀時，時髦的俄國人也追隨法國的甜點風潮，甚至拋棄了俄語的「zayedki」一詞，改用源於法語的「desert」一詞來稱呼甜點。但是，他們最愛的蛋糕卻是從德國人那裡借來的，也就是年輪蛋糕「Baumkuchen」（或稱樹幹蛋糕。這道蛋糕出現在葉蓮娜·摩羅科維茨撰寫的《給年輕家庭主婦的禮物》（A Gift to Young Housewives）當中，此書從 1861 年出版起到 1917 年的革命期間，一直被視為俄羅斯中上層階級主婦的食譜聖經。根據於 1992 年翻譯該書的飲食史學家喬伊絲·圖姆芮（Joyce Toomre），十七世紀尾聲，「Baumkuchen」開始在德國和奧地利等地出現，這也是海綿蛋糕食譜首次被廣為傳播。這道蛋糕的人氣在歐洲和俄羅斯蔓延開來，成了特殊場合時最受歡迎的料理之一。它並非尋常海綿蛋糕，而是將蛋糕麵糊倒在一個旋轉的烤叉上，創造出圓錐形的分層。圖姆芮寫道，「每片蛋糕都形似樹樁的年輪。」當烹飪完成並從烤叉上取下時，蛋糕的中心會留下一個洞。慣例上會在中心放入一隻麻雀類的小鳥，並以一束花封閉開口。端上蛋糕時，會取下花朵，任鳥飛出，可能會嚇到座上賓——就像從羅伯特·梅的派中飛出，再飛進童謠裡的烏鶇[08]。

德國廚師製作了「乾式蛋糕」（Kuchen），並煞費苦心地在「餡料蛋糕」（Torten）中填滿餡料，但是，全世界最受愛戴的德國蛋糕，還是當屬由巧克力海綿蛋糕、酸櫻桃、櫻桃白蘭地、打發鮮奶油和巧克力薄片所組成的饗宴——黑森林蛋糕。根據飲食史學家烏蘇拉·海恩澤曼，它的名稱源自黑森林地區的傳統黑、白、紅服裝。這道蛋糕最早源於十九世紀的職業廚房，到了 1950 年代時，也開始出現在通俗的食譜書當中[09]。

裝飾得生氣蓬勃的咕咕霍夫蛋糕模具組。

巴巴蘭姆酒蛋糕浸泡於蘭姆酒當中，頂端佐打發鮮奶油，令人難以抗拒。

這道邦特蛋糕還加入了葡萄一起烘焙，帶來驚喜的濃烈風味。

不含飛鳥和花朵的年輪蛋糕及其絢麗的千層美感。

在丹麥，據說每個人都有各自獨特的蘋果蛋糕（æblekage）食譜。有些食譜會在蛋糕麵糊頂端加上蘋果片、糖和肉桂並烘焙而成，有些則是未經烘焙的蘋果蛋糕，製作方式有點類似英式乳脂鬆糕，以壓碎馬卡龍或加入奶油烘烤的金黃色麵包屑、醋栗凍和蘋果醬製作千層，頂端加上打發鮮奶油。不論哪一種方法所製成的蘋果蛋糕，都是一道家常甜點。而另一種被稱作維也納麵包（weinerbrød）的丹麥酥皮麵包，則由職業烘焙師傅所製作。

法國糕點以特濃海綿餡料蛋糕著稱，這些蛋糕大多填滿了濃郁的卡士達醬或是巧克力慕斯。有些裝飾得美輪美奐，有些則簡約雅緻，其中，最極簡高雅的便是歌劇院蛋糕（opéra）了。這是一道浸泡於咖啡糖漿中的杏仁海綿蛋糕，內層由巧克力甘納許和咖啡奶油霜組成千層，並抹上閃亮的巧克力糖衣，由甜點師將「opéra」一詞以手寫體擠花在表面上。當然，巴黎人通常會直接前往該城市著名的糕餅店選購特濃海綿餡料蛋糕，但法國的家庭廚師，特別是居住在鄉村的人們，則會烘焙像是「四分之四布列塔尼」（quatre quarts）等磅蛋糕甜點。這種蛋糕僅使用了各一磅的四種食材製作——麵粉、蛋、糖和奶油，傳統上會使用長方形鐵鍋烘焙 [10]。磅蛋糕通常透過混合、打發奶油和糖來發起，以濕潤的質感和優質的保存效果著稱。

而早期海綿蛋糕，像是斯卡皮等不含奶油或其他脂肪的蛋糕，則需仰賴打發蛋白來達到蓬鬆的高度和輕盈的質地。不過，隨著時間流逝，全蛋或是泡打粉，也加入了海綿蛋糕混合物的行列。1940 年代，人如其名的烘焙師哈利・貝克（Harry Baker）開發出一道以蔬菜油製作的海綿蛋糕，也就是後人所知的「戚風蛋糕」。貝克將食譜賣給通用磨坊食品公司，刊載在《貝蒂・克拉克的食譜圖書》（Betty Crocker's Picture Cook Book）後，戚風蛋糕便風靡了全美國 [11]。

許多食譜書都以法國的高級料理作為主題，一直要到十九世紀時，才會開始出版關於「布爾喬亞料理」（*cuisine bourgeoise*）或是家常烹飪的書籍。早期最著名的範例，便是阿格拉愛・阿東松（Aglaé Adanson）出版於 1822 年的《鄉村宅邸》（*La Maison de campagne*）。今日，阿東松以 1805 年建於穆蘭（Moulins）東北部巴雷尼自家土地上的花園所著稱，現今仍開放大眾參觀。阿東松上下兩冊的著作中，包含了管理鄉村莊園的資訊、八百種莊園種植的植物論文，以及正如食物史學家芭芭拉・凱誠・惠頓所描寫的「精湛、實用的食譜書」。「她的食譜具有獨創性，令人耳目一新，」惠頓繼續寫道，而且「執行度極高」[12]。以下是阿東松為家庭廚師所創作的蛋糕食譜，可由單人製作，由惠頓所翻譯。

朗格多克風蛋糕
「GÂTEAU À LA LANGUEDOCIENNE」

取 250 克的麵粉和 250 克的糖粉，與六顆蛋黃和 250 克融化的無鹽奶油混合。打發麵糊十五分鐘。加入六顆打至硬性發泡（stiffly-beaten）的蛋白。在直徑 12 吋的極淺派盤上抹上奶油。將混合物倒入盤中，上頭擺上些許去皮杏仁。在烤箱中以溫和的熱度烘焙一小時[13]。

一次世界大戰前，來自於多瑙河畔地區的甜點聞名國際，從酥皮薄如衛生紙的水果餡料捲餅（strudels）到多峰的舒芙蕾——薩爾茲堡蛋霜糕（*Salzburger Nockerl*），種類繁多。當時的維也納女性就跟巴黎人一樣，毫無在家烘焙的需求，因為在當地，幾乎每個路口都有一家「蛋糕店」（*konditorei*）或糕餅店。如果家中女主人僱有僕役，可以幫忙打發蛋白和磨碎堅果，她便能監督蛋糕的製作，成品

歌劇院蛋糕是法式特濃海綿餡料蛋糕中的一顆珠玉。

這道超脫凡俗般輕盈的舒芙蕾叫作薩爾茲堡蛋霜糕，被認爲是在向當地白雪皚皚的阿爾卑斯山致敬。

充滿果醬的林茲蛋糕，名稱來自多瑙河畔的城市林茲，散發出肉桂、丁香和杏仁或是榛果的芳香，且頂端總是帶有裝飾性的格狀。

媲美糕點主廚。若非如此,她也能直接前往商店,從種類多到令人炫目的蛋糕和其他糕點中,恣意挑選。除此之外,女主人也可以跟朋友約在下午的糕餅店,享用咖啡和餡料蛋糕點心(*Jause*),或是以乾蛋糕搭配常見的雲朵狀打發鮮奶油甜點(*Schlagobers*),也可以選擇內部填滿覆盆莓或是杏桃果醬的杏仁或是榛果塔:林茲蛋糕(*Linzertorte*),或者,還有薩赫蛋糕(*Sachertorte*)這個選項。薩赫蛋糕名列維也納最知名、也最具爭議的蛋糕之一,由十九世紀中葉的維也納外燴業者弗朗茲・薩赫(Franz Sacher)所創造。薩赫死後,這道蛋糕成了一樁長達七年的法庭爭議主角——薩赫酒店和德梅爾蛋糕店,究竟誰才有資格稱自家的蛋糕為「正宗薩赫蛋糕」?結果是薩赫酒店打贏了官司,而他們的版本為覆蓋著醃杏桃,並裹著巧克力的巧克力海綿蛋糕,被認定為官方的薩赫蛋糕。然而論及蛋糕的始源和準備方式,以及烘焙和享用方式,爭議仍持續不斷 [14]。

巧克力和杏桃的組合甚是美好。瑟莉絲汀・尤斯提斯出版的美國食譜書《克里奧爾的古早烹飪法》(*Cooking in Old Creole Days*)中,收錄了一道食譜,名稱倒是不怎麼開胃:「里奧尼・佩寧的乾蛋糕」(Leonie Penin's Dry Cake)。這是一道簡單的巧克力磅蛋糕變化版,內部填滿杏桃果醬,頂端加上「美好的巧克力糖霜」。尤斯提斯的書讚揚了南北戰爭前,富裕南方人的傳統食物,而書中的食譜則歸功於南方的黑人廚師。不幸的是,該書沒有提供任何關於里奧尼・佩寧的生平資訊。她的蛋糕比薩赫還要來得簡單,但就跟薩赫一樣,她深知透過融合風味來撼動人心的祕法。

里奧尼・佩寧的乾蛋糕

準備滿滿一杯的糖、滿滿一杯的麵粉,在烤箱中烤乾並過篩。再將滿滿一杯的奶油,以及三顆蛋,全部放入一個碗中,充分攪打在一

起。在二個派盤抹上奶油，並在盤中放入少許麵粉。將蛋糕置於盤上，放入烤箱中烘焙。

相同的食譜也可以用於製作巧克力蛋糕，將所有麵糰放在其中的一個派盤上，一旦烹調完畢並冷卻後，切半並抹上杏桃果醬，並將兩半再次接合，頂端加上漂亮的巧克力糖霜 [15]。

布達佩斯最知名的蛋糕，便是喬瑟夫・多柏許（József Dobos）精緻的多層蛋糕（*Dobos torte*），這道令人讚嘆的六層海綿蛋糕，其中填滿巧克力奶油霜，頂部抹上閃亮的焦糖配料。在焦糖變硬前，會切成片狀，並擺放在頂端，以便招待多人享用，同時也創造出驚人的外觀 [16]。布達佩斯還以一道叫作「*Rigó Jancsi*」的巧克力慕斯蛋糕出名，其名稱源於一位著名的吉普賽小提琴家，他與當時已婚的美國百萬富婆克拉菈・瓦德私奔，緋聞纏身。這道蛋糕可說是巧克力愛好者朝思暮想的完美巧克力蛋糕，由巧克力海綿蛋糕、巧克力鮮奶油餡料和巧克力糖衣組合。

儘管英格蘭廚師以各種布丁聞名，仍有各自擅長的蛋糕，有些至今仍持續被製作著。然而，這些蛋糕比較適合搭配茶享用，而非作為晚餐後的甜點。經典的馬德拉蛋糕（Madeira cake）是以檸檬製成，因時常搭配一杯馬德拉酒享用而得名。維多利亞三明治蛋糕（The Victoria sandwich cake）是道充滿代表性的英格蘭蛋糕，隨著歷史流變，其製作方法也產生多種變化。維多利亞時期的《蛋糕之書》中收藏了一篇「維多利亞鮮奶油」的專業食譜，是一道結合鮮奶油餡料的海綿蛋糕三明治，上頭淋有杏桃果漿，並以開心果碎片裝飾後成片販售。畢頓太太以果醬或柳橙醬作為各層間的餡料，來製作「維多利亞三明治」，這也是「三明治」名稱的由來。接著，蛋糕會切成矩形，並成對堆疊。現代的維多利亞三明治通常由單層的蛋糕切

在以西點聞名的維也納，巧克力和杏桃口味的薩赫蛋糕是個耀眼明星。

半，內部填滿果醬，頂端灑上糖霜。在美國，有道稱作華盛頓派（Washington pie）的變化版。而麻州的官方甜點：波士頓鮮奶油派（則是另一道親緣關係較遠的版本。這是道千層海綿蛋糕，內部填滿卡士達醬，頂端搭配巧克力糖衣。這些蛋糕之所以被稱作派，是因為最初會放在製作派的鐵罐中烘焙，就跟里奧尼・佩寧的蛋糕一樣。

雪白、蓬鬆的天使蛋糕是道獨特的美國蛋糕。它使用蛋白、糖、麵粉和調味料製作，需要仰賴塔塔粉來穩固蛋白。製作時，需要將一打蛋白快速打發至濕性發泡（foamy peaks），成敗關鍵便落在打蛋器或是鋼絲攪拌器上了。十九世紀晚期，出現了許多不同版本的食譜，但一切都要歸功於芬妮・法墨在《波士頓烹飪學校食譜書》中所刊載的詳盡食譜，讓這道蛋糕名聞家戶，並成為人們的最愛 [17]。

波士頓帕克豪斯飯店的招牌單份波士頓鮮奶油派。

月餅帶有象徵性的設計和濃郁餡料，為傳統中國中秋節甜點。

亞洲蛋糕事

在日本，所謂的麻糬（*mochi*），也就是甜米糕，往往填有赤小豆沙作為內餡，是慶祝新年和櫻花季不可或缺的一環。不過，傳統上，在一餐的結尾，卻往往會端上醃梅，而非甜點料理。十六世紀晚期，葡萄牙人在長崎引進了西式蛋糕和烘焙品時，日本人將這些食物命名為「南蠻料理」（*nanbangashi*）。儘管這個名稱聽起來帶有貶義，南蠻料理卻激起了日本人滿滿的熱誠與創意。現在，日本人則會開玩笑地說，人有第二個胃是保留給甜點的。他們甚至還為此發明了一個新詞：「別腹」（*betsubara*）。根據日本主廚齋藤義雄，「這個詞是由 *betsu*（別），也就是他處，以及 *hara*（腹），也就是肚子，所組成的，其中，h 變音成 b。」[18] 有了第二個肚子，當然有空間可以容納甜點了。

現代日本甜點大部分是西式甜點的創新版本。日式的海綿蛋糕奠基於葡式海綿蛋糕（*pão de ló*），但日本人則改用綠茶來調味。日本的甜點師傅，就跟許多歷史上的西點師一樣，喜歡在甜點造型和名稱上別出心裁。東京街頭小販所販賣的高人氣「鯛魚燒」，便是由魚形模具塑形的甜麵糊烘焙而來[19]。不禁讓人回想起伊爾斯夫人的「鱒魚鮮奶油」。

日常的中式餐點並不含甜點，但逢宴席或是特殊場合時則會端上兩道甜點。其中一道極可能會是葡式蛋撻、米布丁或是炸香蕉。第二道甜點則幾乎總是一道甜湯，可能以蓮子、松子或是木耳搭配蜜桃和櫻桃製成，而歷史最悠久的一道中式甜點，便是中秋節所享用的月餅了。通常，這會是一道圓形的糕餅，內部填有赤小豆沙、蓮蓉或是黑豆沙。也有可能會在中央加入鹹鴨蛋黃烘焙，來象徵滿月。

月餅的頂端會鐫刻上中文字來代表長壽，或是畫上傳說中住在月亮上的月兔，餡料則依地區而定，現代廚師有時也會在月餅中裝入冰淇淋 [20]。

產地與命名

蛋糕和其他甜點，經常會以發源的城市或地區來命名，就像法式泡芙和鮮奶油泡芙。以泡芙酥皮製成的環（或輪）型蛋糕——巴黎布雷斯特泡芙（The Paris-Brest），便是由巴黎和布雷斯特間的單車競賽命名而來。內部填滿花生餡料的香料餅（*mostaccioli romani*），源自一道羅馬特產，通常作爲茶點、而非餐後甜點的巴斯包（Bath buns）和切爾西麵包（Chelsea buns），名稱皆跟產地有所連結。

儘管如此，食譜和名稱還是超越了地理的疆界，恣意傳播。「西班牙風蛋糕」（*Spanische Windtorte*）源自於奧地利。義大利人將他們的海綿蛋糕命名爲「*pan di Spagna*」，並且將它作爲英格蘭湯蛋糕（*zuppa inglese*）的基底；法國人稱自己的海綿蛋糕爲熱那亞式蛋糕（*Génoise*），他們的卡士達則叫做英格蘭鮮奶油。著名且看似美式風格的蛋糕火焰雪山（baked Alaska）結合了冰淇淋和蛋糕，中間以一層蛋白霜隔開，且通常還會點燃端上桌，這是一道終極的冰與火甜點，據說源自 1867 年剛購入阿拉斯加的美國。但是，它的前身卻包含了中國主廚於一年前在巴黎，向同行所示範的一道甜點，由包裝在酥皮麵糰中烘焙的冰淇淋所組成。不久之後，法國廚師也製作了一道冰淇淋蛋白霜甜點「挪威蛋捲」（*omelette norvégienne*）。十九世紀美國的餐廳先驅戴爾莫尼科餐廳（Delmonico's），也供應了一道類似的甜點，叫作「阿拉斯加佛羅里達」，芬妮·法默稱其爲「baked Alaska」，後人便一直這麼叫下去了。不論名稱是什麼，火焰雪山一向讓賓客驚嘆又欣喜，從未令人失望過 [21]。

蛋糕和其他甜點也以名人命名。法國的聖多諾黑糕點（Saint-Honoré pastry）由烘焙師傅和糕點主廚的守護聖人而得名，融合了泡芙和法式泡芙糕點（choux pastries），搭配由蛋白調製成更輕盈的卡士達醬，它的名稱希布斯特奶油（crème chiboust），來自其創作者法國糕點主廚 M · 希布斯特。以管狀或是角狀來烘焙，內部填滿打發鮮奶油或是蛋白霜的席勒薄脆麵包捲（Schillerlocken），則因德國詩人弗里德里希 · 席勒（Friedrich Schiller）的金黃色鬢髮得名。

著名的法國主廚奧古斯特 · 埃斯科菲耶（Auguste Escoffier）任職於倫敦的薩伏依飯店時，為澳洲歌劇演唱家內莉 · 梅爾巴女爵士（Dame Neillie Melba）創作出「蜜桃梅爾巴」（pêches Melba）。這是一道由香草冰淇淋、水蜜桃和覆盆莓醬簡單組合而成的甜點。然而，埃斯科菲耶卻使用了能匹配這位歌劇明星的手法，來詮釋這道料理。為

名副其實的皇帝煎餅「Kaiserschmarrn」，是堪配帝王的鬆餅。

帕弗洛娃是道完美的野餐甜點。

了要向梅爾巴在歌劇《羅恩格林》（*Lohengrin*）中的演出致敬，他
使用冰雕天鵝盛裝蜜桃梅爾巴，包裹在棉花糖中端上桌。

澳洲著名的林明頓蛋糕（Lamingtons）則由 1896 年至 1901 年擔任昆
士蘭總督的林明頓勳爵而得名。這是種方形的小海綿蛋糕，裹著巧

克力糖衣並覆蓋著椰子粉。首份印刷食譜刊登在 1902 年《昆士蘭人》週報的烹飪專欄上 [22]。這些蛋糕也變成了家庭廚師們的招牌甜點之一，現今可以直接從超市購買包裝好的現成品。

好多好多蛋白霜

甜點主廚的廚房中，最多才多藝的品項，非蛋白霜莫屬了。蛋白霜能盤繞在派上、擠花加入個別的糕點外殼中、盛放冰淇淋球或是其他餡料，也能以無限種方式調味、烘焙製作成小餅乾或是小麵包，或將其水煮並漂浮在英式蛋奶醬上製作出「*ile flottante*」，也就是漂浮之島，亦可與鮮奶油混合，製作出最空靈飄忽的甜點。

其中一個例子，便是以芭蕾舞者安娜・帕弗洛娃（Anna Pavlova）命名、輕盈蓬鬆的帕弗洛娃蛋糕。帕弗洛娃在二十世紀初巡迴至紐西蘭時，糕餅主廚們為了要向她致敬，創造出各種甜點。其中一道泡沫化的蛋白霜蛋糕流傳了下來，並成為世界各地家庭廚師和糕點主廚都熱愛的甜點。帕弗洛娃蛋糕的特色為透過烘焙創造出鮮脆的外殼，內部鬆軟，頂端點綴著打發鮮奶油和新鮮草莓，紐西蘭人則使用奇異果來取代草莓，這道蛋糕就跟同名的芭蕾舞者本人一樣高雅。

在奧地利海綿蛋糕（*Spanische Windtorte*）中，也能窺見蛋白霜和打發鮮奶油這對天作之合。這道甜點由蛋白霜圈堆疊組成，接著進行烘焙，並填入打發干邑白蘭地，或以草莓、碎馬卡龍或烤榛果調味的鮮奶油。約瑟夫・威施伯格（Joseph Wechsberg）曾寫道，這道蛋糕也可以不加裝飾地端上桌，但他自己顯然偏好裝飾華麗的版本。威施伯格是一名捷克音樂家、作家以及精緻餐飲狂熱者，他寫到，這道蛋糕的側面應該要「以蛋白霜花體畫上玫瑰花瓣和貝殼，並以紫

羅蘭晶糖裝飾。」頂端加上蛋白霜圈製成的「蜿蜒屋簷」。他將這道蛋糕描述為「概念、設計與執行上，巴洛克風的勝利，外加天堂般的口感。」[23] 威施伯格也寫道，奧地利人將蛋白霜稱作「西班牙之風」，因為他們將典雅和西班牙人聯想在一塊。然而，美食歷史學家麥可‧柯朗斗卻相信，這個名稱來自當代德語中的牽牛花一詞「*Spanische Winde*」，而非真的指西班牙這個國家 [24]。

另一個蛋白霜與打發鮮奶油的美妙組合——英格蘭甜點「伊頓混亂」（Eton mess）卻與高雅兩字完全相反。其名稱來自著名的男校，外表就像調皮的小男孩在派對前偷吃了一口，破壞了奧地利海綿蛋糕或帕弗洛娃的慘象，然而，伊頓混亂嚐起來就跟其他海綿一樣令人陶醉，準備工作也簡單許多。

另一道輕盈、飄忽的蛋白霜鮮奶油西點，便是閃電蛋糕（Blitz cake），又稱作「Blitz Torte」。它的特點在於將蛋白霜層置於蛋糕麵糰上烘焙。以下是來自近麻州波士頓的作家羅茲‧康明斯（Roz Cummins）的家傳食譜。

羅茲的閃電蛋糕（ROZ'S BLITZ CAKE）

蛋糕層

奶油 1/2 杯（120 克）

白砂糖 1/2 杯（100 克）

鹽 1/4 小匙

蛋黃 4 顆

香草 1 小匙

牛奶 3 大匙

中筋麵粉 1 杯（120 克）

泡打粉 1 小匙

蛋白霜層

蛋白 4 顆

白砂糖 3/4 杯（150 克）

肉桂粉 1/2 小匙

去衣杏仁片 1/2 杯（110 克）

打發鮮奶油

打發鮮奶油 1 杯（240 毫升）

糖 2 大匙

莓果

草莓 2 杯（300 克，或藍莓、覆盆莓和黑莓）

糖 1 大匙

將烤箱預熱至攝氏 175 度（華氏 350 度）。在兩個圓形（8 或 9 吋的蛋糕烤鍋）中抹上油和麵粉。

將奶油與糖和鹽混合攪製成鮮奶油，加入蛋黃、香草和牛奶攪打。再倒入麵粉和泡打粉，攪打直到充分結合，麵糊質地也呈現滑順為止。將混合物在兩個蛋糕鍋中分別抹散開來。

準備另一個碗，將蛋白、糖和肉桂攪打在一起，直到變硬為止。將蛋白霜抹散在各蛋糕鍋中的麵糊之上。要均勻散佈很難，因此不必太操心，記得在頂端加上杏仁。

將蛋糕層烘烤 30 分鐘（或 25 分鐘，若使用更大的鍋子的話），或直到蛋糕開始與鍋壁分離為止。從烤箱中取出，待稍微冷卻後，從鍋中取出蛋糕，放在鋼絲架上完全冷卻。在蛋糕冷卻的同時，將糖加入冰冷的鮮奶油中快速攪拌，製作打發鮮奶油。

將草莓切片放入一個碗中，加糖拌勻。在端上桌前約 20 分鐘進行

此步驟。將蛋糕層放在餐盤上，蛋白霜面朝上。端上桌前，在最底層撒上些許草莓，抹上一半的打發鮮奶油。上頭擺上第二層，蛋白霜面朝上。頂端放上剩餘的草莓和打發鮮奶油。可供八至十人享用，以製作當日為最佳賞味期限。

一位糕點主廚與他的蛋糕

一般來說，家庭廚師通常會選擇較簡單的蛋糕作為甜點，專業糕點師則會爭相製作最為華麗、裝飾最精緻的的蛋糕。在維多利亞時代，對專業人士們來說，創作精緻的甜點簡直是項職業運動，是展現個人技巧和想像力的手段。出生於法國的英格蘭主廚亞列西斯・索耶（Alexis Soyer）便是這項運動的冠軍。索耶說，作為展示品的甜點「*pièces montés*」已經退流行了，並寫道：

> 「我知道許多饕客都會反對在這些曾經風靡一時的紀念碑，或是巨大的糖雕塑品前就座，現代的餐桌裝飾之責，已全然落在銀器匠的肩上。典雅之母——簡約，成了今日的準則。」[25]

但是，索耶所製作的甜點，還有他本人，卻毫無任何簡約之處。他出生窮困，儘管其職業上的成就，也意味著他與名流之輩交往密切，索耶卻一生埋頭苦幹，並協助窮苦挨餓的人們。索耶生於 1809 年的法國，自小就開始烹飪。21 歲時，他搬到英格蘭，在短短幾年之間，便成了家喻戶曉的主廚。富有創業精神和行銷才華的他，推銷了自己的食譜書、醬料和自行設計的廚具。但索耶也捐獻了其中一本食譜書的部分盈利，來餵飽窮人。在 1847 年，愛爾蘭遭逢馬鈴薯飢荒期間，他在都柏林管理一家救濟廚房；在克里米亞戰爭期間，他也旅行至當地，並與佛蘿倫絲・南丁格爾合作改善士兵的飲食水準。

索耶爲倫敦菁英改革俱樂部的會員們，創作了能與過往的「精雕」或「展示品」媲美的蛋糕。中世紀噴火的野豬頭到了索耶手中，變成了由蛋糕塑形的逼眞野豬頭，他將其稱之爲「驚喜獠牙野豬冰」（*Hure de sanglier glacé en surprise*），也就是仿野豬頭。製作時，索耶將海綿蛋糕雕刻成野豬頭的形狀，挖空並塡入庫拉索酒（curaçao）調味的檸檬冰淇淋。他在蛋糕灑上巧克力糖霜，「來盡可能模擬眞野豬頭的顏色」索耶使用白糖霜來製作雙眼，並使用櫻桃來製作內餡；選用開心果薄片來製作睫毛，以翻糖料或是西點膏 [*pâte d'office*]來製作獠牙；在野豬頭裹上一層醋栗果凍衣，以小麵包塊裝飾，並放在大型銀色淺盤上端上桌 [26]。

接著，索耶還製作了一道孔雀蛋糕，簡直就是以海綿蛋糕形式來重現中世紀的精雕。他將「路易十六風孔雀精雕」（*Peacock à la Louis Quatorze*）以糖霜漆成「粉紅白色」，並塡滿草莓冰，以「些許莓果的皮」綴飾著尾巴。他寫道，「所有精通糖藝的人，都會將尾巴塑形成展開狀態，並創造出華麗的效果。」[27] 雖然索耶說簡約是今日的準則，就他個人的作品來說，只能說聽聽就好。

蛋糕上的糖霜——畫龍點睛

當商業性精煉廠開始製作名爲糖霜或糖粉的糕點師糖粉後，將蛋糕裝飾得更加美輪美奐的任務，也變得更簡單了。早期的廚師必須將糖在研缽中壓碎，接著使用如絲般的布料來過篩，直到糖的質地變得極爲滑順細緻，足以作爲蛋糕糖霜使用爲止。十七世紀的蛋糕往往使用由煮沸的糖與水製成的簡單糖漿，淋在蛋糕之上，作爲最外層。接著再將蛋糕放回烤箱中稍加烘焙，使這層糖硬化成糖衣。在羅伯特・梅《高尙的廚師；烹飪法之藝與奧秘》（*The Accomplisht*

Cook; or, The Art and Mystery of Cookery，1685）書中，一道「極為優異的蛋糕製作法」食譜結尾，指示廚師「將糖和水煮沸至糖高，加入少許玫瑰水，接著延展蛋糕，全面淋上糖水，並放入烤箱中，直到呈現糖衣狀為止。」[28] 糖高（candy height）是煮糖的其中一個階段，與馬西亞洛的「*cassé*」相似，也就是破裂階段。

另一個糖衣的製作方式，則是在蛋糕從烤箱取出的瞬間，便在上頭堆上蛋白霜。有些廚師會將塗抹上蛋白霜的蛋糕放回烤箱中烘焙至棕色，但艾蜜莉亞・席夢斯則說，「這會損傷蛋糕並使其泛黃，如果立刻加上糖霜，效果則為最佳，不需再放回烤箱當中。」[29] 廚師也會將杏仁膏或是翻糖塗抹在蛋糕上，來獲得平滑高雅的拋光表面。

到了十九世紀時，西點師創造出皇家糖霜（royal icing），這是糖粉和打發蛋白的混合物。皇家糖霜至今仍是裝飾蛋糕的台柱之一，可以滑順地塗抹於蛋糕之上，更重要的是，還可以用於擠花設計。許多糕點師愛上了這項工法，並在蛋糕上擠上了蕾絲設計、漩渦型花體、姓名和「生日快樂」或「祝好運」等訊息。他們在野餐蛋糕上畫上網球拍，並在洗禮蛋糕畫上搖籃。多層的婚宴蛋糕，則綴滿了洛可可風的漩渦、風格裝飾、蕾絲和花朵。「皇家糖霜」一詞首次出現，是在製作維多利亞女王的婚禮蛋糕之時。

1888 年出版的《Ａ・Ｂ・馬歇爾夫人的烹飪之書》中，阿格尼絲・馬歇爾描述了一種「維也納糖霜」。她以糖霜、奶油和蘭姆及黑櫻桃利口酒來製作它。今天，有道相似的版本則稱作奶油霜糖霜（buttercream frosting），英語中也簡稱為奶油霜，法語則稱之為「*crème au beurre*」。一般會使用香草精等調味料製作，而非馬歇爾夫人所使用的利口酒，且往往除了奶油，也會加入鮮奶油或是牛奶。這是家庭廚師最常使用的一道糖霜。[30]

基督降臨節裝飾精美的薑餅。

維也納糖霜（VIENNA ICING）

取十盎司的糖霜和四分之一磅的奶油，並以木湯匙混合，直到質地滑順為止。再加入一小杯的混合銀光（Silver Ray）白蘭姆酒和黑櫻桃利口酒，攪拌直到呈現鮮奶油狀，即可使用。可根據個人喜好調味或上色。[31]

餅乾嘉年華
Biscuit, Koekje, Little Cake, Cookie

餅乾並非複雜的西點，但在定義上卻有些困難。這個詞從拉丁文的「*panis biscoctus*」，也就是二次烤麵包而來。最初，餅乾經過二次烘焙，烤出水分，得以長期保存。它們也稱作麵包脆餅、軍糧餅乾、「*biscotti*」和「*zwieback*」——這些原味、乾燥的餅乾，適合在海上或是行軍時使用，也能輕鬆在櫥櫃中儲藏數月，而不會發霉。後來

開發出帶有甜味的餅乾，這個名詞也用來指種類廣泛的許多品項，其中有許多既沒有經過二次烘焙，也非樸素無味，更非乾燥。1898年出版於倫敦的《實踐性烹飪法百科：烹飪之藝與餐桌招待完整詞彙大典》，也常直接以其編輯 T・法蘭西斯・蓋瑞特（T. Francis Garrett）之名，被暱稱爲《蓋瑞特百科》，因「餅乾」一詞難以明確定義，而作出如下敘述：

> 餅乾已經普遍經過所有歐陸糕點師改良製作，其名意涵蓋了廣泛的糕餅作品種類，最明顯的共通點在於經烘焙至酥脆易碎。不論是不列顛還是外國的糕點廚師和糕點師，似乎都同意要保留這項特點，作為分辨這類糕點與他者的唯一區別，而除了此一特徵，在其他方面彼此幾乎都有所差異。確實，它們如此迥異，幾乎無法進行分類，從是否帶有甜味、硬到軟、輕薄到粗短、樸素到華麗，或在各樣特點上有所組合，變化多端。

《蓋瑞特百科》的長篇文章收錄了八頁的餅乾食譜，並且附有餅乾製作工具的插畫，例如切刀和擠花袋。食譜從以葛縷子調味的阿伯內西（Abernethy）餅乾，到切成鑽石型並在「敏銳的烤箱」中烘焙的約克餅乾（York biscuit）皆有。書中提及的「香檳餅乾」（Champagne Biscuits），之所以如此命名，是因爲它們搭配香檳享用非常宜人[32]。在該書出版時，英格蘭人將餅乾寫作「biscuit」，而非更早期的「bisket」，這令《牛津英語詞典》的編輯們十分不快，他們開嗓抱怨道：「16 到 18 世紀期間，標準的英語拼法應爲『bisket』，正與讀音相同。現今的『biscuit』寫法取自法式拼法，卻不使用法式讀法，毫無道理。」

更令人混淆的是，新阿姆斯特丹的美國人則將荷蘭文中的「koekje」，

1894 年，馬歇爾夫人著作《花式冰點》（*Fancy Ices*）中的一幅插畫，展示了一項有點危險的蛋糕裝飾翻糖法。

也就是小蛋糕，變型成「*cookie*」。在《美國烹飪法》（1796）中，艾蜜莉亞·席夢斯被認爲是首位在食譜書中使用該詞的人，而此用法也傳播開來。在今日的美國，英格蘭的「*biscuits*」便被稱作「*cookies*」，而「*biscuit*」一詞，則用來稱英格蘭人會喚作圓麵包、瑪芬甚至是司康餅的小東西們。

維多利亞時期，英格蘭製造商成爲了餅乾量產的先驅者，其中許多行號現在仍繼續營運著。儘管英格蘭美食史學家安娜絲塔夏·愛德華茲，將今日無所不在的工廠產餅乾與牙膏等商品相比較，她仍指出，在英格蘭，食用這些餅乾還是能引發懷舊之情 [33]。筆名爲「好好先生和太太」（Nicey and Wifey）的夫妻，撰寫了一本享受茶和市售餅乾的書，名爲《好好先生和好好太太的飲茶之樂》（*Nicey and Wifey's Nice Cup of Tea and a Sit Down*，2004）），恰好證明了此論點。他們對於享受工廠製餅乾毫無愧疚之情，並將消化餅乾稱爲「長直徑餅乾之霸主……餅乾中的偶像明星。」[34]

另一方面，美國人則視自家烘焙餅乾爲理想，並在食譜書、報章雜誌的女性專欄中刊載了一道又一道食譜。除了「餅乾」，它們也稱作小瘋子、小水滴、薄脆餅、硬殼餅、糕、星星、棒、扁餅、水滴糕、小石子、薄片、隱士、混亂、威化餅和馬卡龍。有些薄而脆，就跟《蓋瑞特百科》所敘述的一樣，但也有些質地鬆軟且與蛋糕相近。《殖民地食譜書》（*The Settlement Cookbook*，1904）中，收錄了超過三十六份的餅乾食譜，從杏仁餅到「德國香料餅」（*pfefferneuesse*），從「史賓格勒餅乾」（*springerle*）到「脆捲餅」（delicate zwieback）皆有，其他同一時期的食譜書也充滿了餅乾食譜。當然，購買食譜書，不代表學會烤餅乾。就跟英國人一樣，美國人也購買了不少商業量產的餅乾，他們也有最愛的懷舊餅乾，例如奧利奧餅乾。

有些餅乾不論在當時還是
現在，高雅的外型都能登
上甜點桌的殿堂，特別是
用來搭配冰淇淋、雪酪、
糖煮水果或是卡士達使用。
十七世紀以玫瑰水或是大
茴香籽來調味，稱作混亂
或是繩結（knot）的餅乾，
在靜物畫中，往往與最終
的一道康菲糖和威化餅一
同陳列。手指餅乾又稱作
法式薩伏依餅乾（Fench

二戰前五彩繽紛的諸多英國餅乾鐵盒之一。

Savoy biscuit），可以作為甜點料理，也是受歡迎的美式夏洛特蛋糕
基底。其他甜點殿堂級地位的餅乾，則包括了圓形屋瓦狀的細緻瓦
片餅、色彩繽紛的小杏仁餅馬卡龍——現在往往搭配源自文藝復興
時期義大利的甜內餡、英語中稱作「水滴餅」（kisses）、西語中稱
作「嘆息」或是 *suspiros* 的小蛋白霜。經典的二次烘烤義式脆餅
（*biscotti*），現在則會以杏仁或是其他堅果、果皮蜜餞或是種子來添
加甜味。傳統上在義大利，以及現今許多其他地區，會以「biscotti」
搭配如義大利聖酒等甜酒端上桌，作為一餐的結尾。

就跟（吃）派一樣簡單

蘋果派（APPLE-PYE）

不列顛為口舌之悅，所嘗試的所有饕餮，
所有各種奢侈珍饈：昂貴風味紮實質料、
外在美感內在口味，莫可與蘋果派相較。

此時氂料理之初始，結構簡陋食材尚粗，
未經現代手藝潤飾，父輩食粗糧無塔吃，
派曾作麵粉塊下肚，待時間與成本進步。
——威廉·金（1663-1712）[35]

在十八世紀初，英格蘭作家威廉·金創作以上所節錄的這首詩時，
烏鴉早已飛散，而較為精緻的派和塔也加入了巨厚肉塔的行列。新
鮮的水果塔會在當季製作，同時也製成蜜餞保存，留待冬季製作水
果塔用。在春夏時，卡士達派則使用櫻草花或是金盞花來製作，而

家常的老式蘋果派永遠不會退流行。

杏仁塔以玫瑰水調味。過往作爲藥用的大黃，在製做水果派時開始逐漸不受重用（儘管在分類上大黃仍算是蔬菜）。在傳統上，蘋果派一向是英格蘭人的最愛。儘管從中世紀起便已開始製作，在當時卻是硬梆梆的棺材形狀，而非現代薄酥的派皮，就跟金所說的一樣。在當時，這樣一道甜派可以在一餐中的任何時間點端上，今日，它們只作爲正餐之外的甜點使用。

在 1796 年版的《烹飪之藝》中，格拉斯夫人收錄了數道水果和卡士達派。她提供了九道派麵糊或餅皮食譜，其中包含了一道泡芙麵糊和用來製作巨派的厚麵糊，她描述後者「適合用來作爲鵝肉派的派壁」。她的「碎裂派皮」初衷在於裝飾派，而非作爲派皮使用。碎裂派皮使用杏仁泥和橙花水製作，格拉斯夫人的蘋果派則以「良好的泡芙派皮」來製成。她指示廚師，使用蘋果皮、果核、肉豆蔻、糖和水來製作糖漿。她說，糖漿應過濾並烹煮「直到量少且味美爲止」，接著倒在派中的蘋果上。最後蓋上頂端的派皮並烘焙 [36]。

派和塔之間的分野並非總是十分清晰。通常，派在頂端和底部各有一片派皮，而塔則不會有頂蓋。不過，例外本身就是常規的最好證據。在英格蘭，蘋果或李子等水果派，通常會使用深派盤來製作，並只具有一層頂蓋。水果塔則通常在淺鍋中製作，就跟檸檬酪和蛋塔一樣。它們只具有底部的派皮，並無頂蓋。然而，在英語中，「派」和「塔」兩詞常被交替使用，塔類食譜往往也被要求製作頂部和底部派皮。1856 年，一道美國大黃派食譜則指示，將煮好並加入糖調味的水果擺放在派盤上，不需底部派皮，接著蓋上頂部派皮進行烘焙 [37]。法式的反烤蘋果塔會覆蓋頂蓋烘焙，接著翻轉過來，使頂蓋變成底座，而焦糖化的蘋果成爲頂部。較小並各自獨立的塔有時也稱作「撻」（tartlets），但這樣的用法則較無規律。

儘管百果絞肉派被視為一道甜點，這幅 1869 年的廣告推出時，派中
仍含有眞正的肉。

歐洲人做出了五花八門的派和塔，但還是要等流傳到美國後，派與
塔人氣才達到巔峰。美國人熱愛各種派，特別是甜派，他們甚至將
派當作早餐，感恩節晚餐也常以派作結尾。派可以使用南瓜、蘋果、
蔓越莓、百果餡、胡桃或是番薯來製作，但不能做成蛋糕、舒芙蕾、
冰淇淋，除非是放置在派的頂端。用來形容小事一樁的美式慣用語
「就跟派一樣簡單」（as easy as pie），最初據說是「就跟吃派一樣
簡單」，有這麼一說是因爲美國人實在吃太多派了，另一部分的原
因，則是吃派比烤派還要簡單。或許是因爲甜派如此受歡迎，有些
十九世紀的的美國烹飪作家們，則對它們不以爲然。以波士頓烹飪
學校聞名的瑪麗·J·林肯，將蘋果稱爲「衆水果之后」，並建議以

這幅 19 世紀美國芝加哥肉類包裝公司的廣告中，描繪了女性們學習如何使用愛慕爾百果絞肉來烘焙派。

最自然的方式直接食用，而非將其製成「頑固的派」[38]。筆名瑪莉恩·哈蘭德（Marion Harland）的瑪麗·V·特修恩夫人的批判則更加激烈，她寫道，派是一種「毀滅性的甜點」，且難以消化，還充滿讚許地引用了一篇報紙上的社論：「難以抗拒派的誘惑⋯⋯是我國之惡癖」[39]。儘管這兩名女性皆為當時受歡迎的作家，仍無力撼動大眾對派的熱愛。

不久之後，在 1902 年 5 月 3 日星期六《紐約時報》的一篇社論中，一名匿名作家大肆讚揚派。他稱其「在美國是繁榮的同義詞⋯⋯派是英雄的食物。吃派的人，永遠無法被真正被打倒。」這名作家相信，英格蘭人離棄了派，而這便是他們失足之處。他寫道：

英格蘭最榮耀強盛之時，便是麾下子嗣們仍吃派之時，這是一項重要史實……接著，商人的惡毒影響力逐漸壯大，而派慷慨的尺寸也逐漸縮減，直到縮小成不足掛齒的塔為止。隨著派的衰落，大不列顛的理想也縮小了，其權力與威望也煙消雲散。

作者將派稱爲「季節變換之曆」，並繼續描述了一年之中，各季節最完美的派。從蘋果派開始，他將其稱之爲全年皆宜之派，來到冬季月份時，最相稱的則是百果絞肉派，「這是一道充滿香料、口感濃郁的派，而豐富的內餡，擁有使人能在零度天氣下維持正常體溫的力量。」在春天，他推薦「輕盈又歡樂的卡士達、檸檬和大黃派，來安撫混沌不明的敏感渴望。」，「爲朱唇染色的莓果派」和水蜜桃派則是屬於夏季的派。最後，「隨著大地之母用她的魔幻筆刷將森林上色，一年的黃金榮耀——尊貴的南瓜派也跟著登場！」[40] 是他對秋之派的註解。

餐桌上的珠寶

二十世紀初始，甜點桌上形形色色的蛋糕、派和其他甜點，爲東道主們帶來了不小的挑戰。許多銀器剛湧入市場，該使用哪一件來盛裝甜點呢？當時，特別是在美國，開始出產各種各樣的銀器，而意圖提升社會階層的人們，便憂心忡忡地試著做出最恰當的選擇。對應俄式上菜法一道道出餐的順序，也發展出了使用特定餐具來享用特定食物的慣例。因此，市面也出現了各樣的餐具供人選擇。在某些場合，每道菜端上之前，會先擺上餐具，隨不同菜色上桌而更換，而在其他狀況下，所有的餐具則會一齊擺上。定位不同、種類眾多的銀器，則導致中產階層用餐時遭遇許多困擾及關切[41]。好了，現在每道菜都各需要一把叉子，「該用哪一把好？」便成了機警用餐

者們經常詢問禮儀作家們的問題。通常，答案會是：女主人所使用的那一把。當時，這定然使許多賓客停下手邊的動作，鬼鬼祟祟地窺視餐桌另一端女主人處後，才敢動手品嚐。而女主人不只要學習哪一把叉子才是最合宜的，還要悉知該使用哪件餐具來盛放料理才正確。究竟該使用蘆筍夾（tongs）還是分蘆筍的叉子？還有，哪根湯匙才是分布丁用的，哪根又是分奶凍用的？精緻餐飲和招待則成了菜鳥一不小心便失禮的緊張場面。

銀器的量產背後有許多影響。南北戰爭之後，美國西部銀礦大量開採，使得銀價急劇下降，也讓許多人突然買得起它們了。在此同時，電鍍的發明將相較之下不再昂貴的銀盤帶上了餐桌，而新的沖壓模工法，也讓複雜的裝飾化不可能為可能，全新的扁平餐具們現在不只能以花押字和家族紋章裝飾，還有像是花鳥等自然主題。綜合以上，加上內戰後美國的繁榮盛況，過往別說是要繼承了，連做夢都沒想過能擁有銀器的家庭們，現在居然可以負擔得起銀器的價格，只需要學會如何使用即可。

根據威廉・C・康南在 1874 年十二月號的斯圭博納月刊中所描述的，在當時的美國，幸運的新婚夫妻們，現在有機會收到銀製餐具作為新婚禮物了。他說：

> 新娘禮物的習俗變得如此普遍，幾乎所有家境小康的年輕夫婦，新婚時都會獲得不少真銀製餐具來持家，至少也會有湯匙、叉子、奶油、水果、派和魚刀、餐巾環這些小玩意兒[42]。

當然，有許多人還是負擔不起這類的銀器。但對那些買得起銀器的人們來說，選項則相當豐富。在幾個世紀之前還被視為無用又不虔

敬的叉子，現在則大量增加，還包括了特別爲沙拉、肉類、魚肉、莓果、沙丁魚、橄欖和牡蠣所設計的叉子種類。刀子的數量也以同樣的速率增加。現在有奶油刀、晚餐刀、魚刀、水果、甜點和蛋糕刀，供人選擇[43]。

一種湯匙可不夠。法式清湯需要一把小湯匙、奶油濃湯則需要較大的湯匙，還有咖啡、茶和巧克力專用的湯匙，以及茶葉匙、鮮奶油勺、莓果匙、奶凍匙、糖匙等諸多種類。陶利銀器公司爲顧客們提供了十九種「喬治亞風」（Georgian）花紋的湯匙，及十七種不同的分菜糖匙。一組餐具共有 131 件，而完整的十二組餐具共有 1,888 件[44]。

冰淇淋需要整組專門的上餐器具，包括切片器、裝飾斧（ornate hatchets）和刀子。當時的人們可以使用一端是鈍鏟型的湯匙、一端形似叉子的湯匙，或是一把冰淇淋叉來享用冰淇淋。冰淇淋勺發明於該世紀的尾聲，通常唯有專業人士才會使用它們，而較少出現在一般家庭。

康南在一篇名爲《銀器時代》的文章中，鉅細彌遺地描述了一張餐桌。當他談到甜點上菜時寫道：

> 冰淇淋像高塔一般，疊在一個雕有更多極地風景的巨大銀製架上，以避免融化，底部則是一個寬鏡面托盤，並附有寬大的刀邊冰淇淋匙，以及冰霜般的霧面淺碟。至於水果冰，則使用美感相似的大容器以及相配的盤子。蛋糕和糖果放置於低矮的水果盤中，或是具有腳及底座的裝飾盤子，而銀製的蛋糕刀除了擁有精緻的刀鋒，還具有細緻的鋸齒能鋸開糖霜，而不致致碎裂[45]。

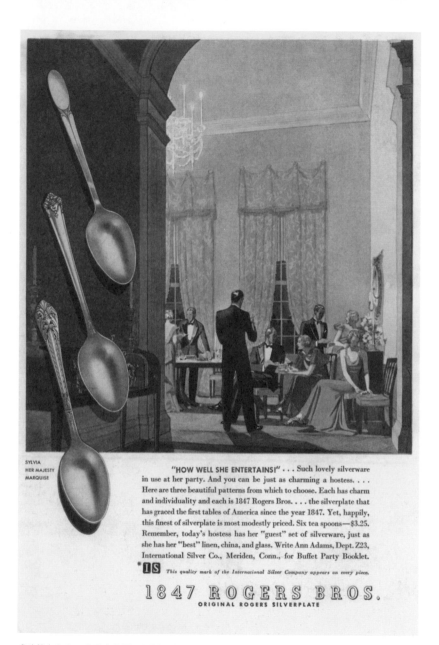

成功的女主人，會為賓客選用羅傑兄弟的銀盤。

他持續將水果碗描述爲「魔幻駁船」，其中含有「來自哈瓦那以及北方果園的大型黃色水果」，並將此擺盤形容爲「銀色圖畫中的金蘋果」。他也記錄：

> 不論是用來啜飲濃烈咖啡的嬌貴金銀色珠寶食器（bijouterie），還是湯匙、刀子和堅果叉、分享遞菜用的小銀器，或是燈光，甚至是雪茄菸灰缸，都將甜點綴飾得極爲高雅[46]。

儘管康南徹底地描繪了這番場景，實際上當然不是每張餐桌上，都充滿華麗的銀器或是表面呈現冰霜質感的冰淇淋塔。不過，到了十九世紀的最後幾年，大部分的國家不論是簡樸的家中，還是豪宅、餐廳或飯店裡，此時的晚餐都能以一道甜點來作結。甜點可以是蛋糕、冰淇淋、布丁、派或是一份簡單的餅乾和水果。不限於特殊場合，甜點不論是在家中晚餐還是正式宴會，都成爲了最適切的結局。

用餐者可以使用這把來自約 1855 年的篩糖匙，在水果或是布丁上灑糖，爲當時的時髦器具。

第 六 章

以變化為常態的創新精神

　　十世紀初始，愛德華時代（Edwardian）的悠閒與效率取代了維多利亞時期的繁文縟節，全新的自由風浪席捲上流社會和平民百姓。火車、蒸汽船和汽車以前所未見的速度向前衝刺，餐飲風格也迎頭趕上。藝術家、建築師和設計師開創出全新風格，將房屋、家具、銀器和服裝改頭換面。華特‧葛羅培斯（Walter Gropius）、路德維希‧密斯‧凡德羅（Ludwig Mies van der Rohe）和勒‧柯比意（Le Corbusier）等建築師的作品，不受自創的結構所綁縛，他們帶來影響，也嚮往去改變建築內居民的生活。在包浩斯風格的餐飲空間中，繁複的餐桌配置、裝飾華麗的銀器和多道餐點模式，顯得落伍且格格不入。

就連那些仍買得起銀器的人們，也開始將《斯圭博納月刊》所稱的「銀器時代」視為鋪張浪費。1925 年，美國商務部長赫伯特‧胡佛（Herbert Hoover）提出了一份 55 個品項建議清單，作為生產任何新花樣的銀器組時，所能包含的最大件數。紋銀器製造商公會也跟著採用了這份清單 [01]，當時許多家庭便已開始採用此新風格。第一次世界大戰之後，一名專家如此評論當代社會風俗：「應高調地摒棄繁文縟節。」[02]

除了戰爭因素，漸趨寬待的禮節規範，部分原因也可歸功於女性投票權、好萊塢、爵士時代和美國禁酒令。歷史學家亞瑟‧M‧史列

辛格（Arthur M. Schlesinger）寫道，在美國，新世界也仿效了舊世界暴發戶和貴族所遵循的迂腐成規。史列辛格研究這些變化，並在《學習體面：美國禮節書籍的歷史研究》（*Learning How to Behave: A Historical Study of American Etiquette Books*）中解釋，並非每個人都遵守這些繁節，但大部分人都能意識到這些禮節的存在。史列辛格相信，禁酒令「在禁果原則的作用下，使飲酒習慣反而朝意料之外的方向散播開來。」汽車則是「鼓勵了不同性別之間，較非正式的交往關係。」而廣播則讓「最偏遠的鄉村據點」也能知悉「來自都市變遷中的生活習慣和概念」，這些都助長了新社會價值的傳播 [03]。

在英格蘭，一戰前人們所遵循的禮節和繁複的餐飲規矩，逐漸被視為老舊而過氣。而包括威爾斯親王在內，許多人不只將極為正式、長時間、多道料理的晚餐視為無聊且浪費時間。在一名皇室工作人員所撰寫的傳記中，將首先引領縮短晚餐時間的風潮歸功給親王（後來登基成為國王愛德華七世）。而他並非唯一希望能以更迅速、更適合當代風格進餐的人 [04]。

許多人則是再也無力維持舊時的進餐方式。在大戰期間，有些英格蘭的大莊園主人不幸地喪失了兒子和繼承人，除此之外，他們也失去了負責莊園運作的大批僕役，除了戰爭的關係外，也可能是因為早期從事這些工作的男女們，現在則偏好前往辦公室和工廠就業。既沒有兒子來管理莊園，也沒有僕人來經營，許多莊主們只好改過更儉樸的生活。艾格妮絲‧傑契爾女士（Lady Agnes Jekyll）便是其階級與時代的典範。她出身蘇格蘭貴族，是著名的女主人，因一次世界大戰的貢獻而受封大英帝國爵級司令勳章。她後來撰寫了一系列食物與招待方面的專欄，並集結收錄於 1922 年出版的《廚房散文》（*Kitchen Essays*）中。傑契爾女士機智又充滿想像力的文筆反映了時

正如中世紀時，今日的威化餅和酒仍是晚餐最完美的結局。

代，她也撰寫了接受僕役編制縮減的應對措施和預算較低的管理方式，她甚至不介意降低身段地用美國麥片粥作爲甜點的一部份，來招待賓客：

杏桃泥佐米香（APRICOT PURÉE WITH PUFFED RICE）

燉煮 1 磅的杏桃（整夜浸泡後乾燥爲佳）。煮好後，加入一罐去皮的杏桃，一起滾煮，並添加甜味；將濃縮糖漿以鋼絲網過篩，放入一個淺玻璃碗中；覆蓋上薄薄一層打發一半的鮮奶油（約 6 便士大小），也可以加上些許碎開心果仁來裝飾。接下來，將剛烤脆出爐的萬用美國燕麥粥「米香」裝於玻璃洗手碗（finger-bowl）中，跟杏桃泥一起端上桌，讓賓客自行添加使用。這道甜食適合假日午餐會或是週日晚餐使用。約 5-6 人份 [05]。

雖然某些人仍堅信應遵守老規矩，就像在魚料理之後，必然會端上一道湯一樣，在 1937 年時，就連美國最重要的禮儀仲裁權威艾蜜莉・珀斯特（Emily Post），都寫道：

> 有可能是因為戰爭時期，人人都習慣了少吃肉，並特意節省所有食物，或者，也有可能是連祖父母都嚮往纖細身材的虛榮心所致，無論成因為何，人們端上桌的食物相較往昔大量減少了。就連住在最大的宅邸當中、雇用分工最細瑣僕役團隊、最富裕的人們，在獨自用餐，或是與胃口節制的摯友一起用餐時，也僅使用三或至多四道菜 [06]。

珀斯特接著進一步論述，人們不必擔憂該使用哪一把叉子。「器具的選擇完全不重要——社會地位高的人完全不在乎這種無關緊要的細節。」[07] 她原先題為《社會、商業、政治以及家中社交禮儀》（ *Etiquette in Society, in Business, in Politics, and at Home* ）的著作出版於 1922 年，後來重新命名為《禮儀：「社會用途藍皮書」》，這本指南書直到珀斯特去世前，歷經了十版九十刷。她也為一份聯合報紙撰寫專欄，並主持個人廣播節目。數千名讀者與聽眾寫信給珀斯特，諮詢個人問題和疑慮，她也仔細聆聽並作出睿智回覆。因此，珀斯特也成了絕佳的禮儀晴雨表。她細心覺察人們生活風格的轉變，並隨著指南書的每一版，更新規則來反映變遷中的習俗。儘管珀斯特沒有提及，當時正經歷著全球經濟大蕭條，逼迫許多人盡可能減低在食物和其他事物上的開銷，不論意願如何，都無從選擇。

珀斯特察覺，儘管越來越少人家中雇有僕人，女性仍會想要招待賓客，因此她提供了專門的策略，將其命名為「三合一太太」，因為女主人得要身兼廚師、服務生以及「平靜、乍看之下不慌不忙的女

冰淇淋和威化餅是一組傳統搭配，而盛裝於玻璃雞尾酒杯中，則屬於近代風潮。

主人」三項職責。珀斯特推薦準備自助餐，甚至建議備有紙杯、盤和餐巾，以防意料之外的賓客來訪[08]。然而，珀斯特對於叉子和縟節寬鬆的態度，仍然有其限制。她與柯爾‧波特不同，並不相信「什麼都可以」。對於哪一種盤子用來端上甜點才是恰當，珀斯特仍有所堅持。她寫道：

> 吹毛求疵的人說：「甜點代表著在冰之後端上的水果和糖果。」「冰」一詞容易誤導人，因為現代的「甜點」是裝在模具中端上桌的冰淇淋，而非所謂的冰（許多冷凍的小雕像）。有些人拒絕在結尾端上包含了冰淇淋和蛋糕的「甜食」，在這樣的情況下，以「甜點」來應對不代表他們更優秀，也不是高尚社會階層的象徵。在法國，也就是「甜點」一詞的發源地，「冰」之所以與甜點區分開來，完全只是法國主廚喜歡將一餐中的每個品項，區分成不同道料理。然而，令主廚們和食譜書無從辯駁的是，甜點意味著任何一餐結尾端上的甜食品。而最偉大的美國甜點便是冰淇淋或派。不過，派並不是「宴客」的甜點，相反地，冰淇淋則是正式晚餐必然的結局[09]。

在 1922 年版的《社會、商業、政治以及家中社交禮儀》中，上述文章則以下列這段宣言作結：「甜點匙是比茶匙大上兩倍的湯匙，便

是應用『湯匙』而非『手指』來享用甜點的進一步證據。」[10] 此書在 1937 年再版時，珀斯特則刪去了這段關於湯匙的資訊。

保持冷凍

在珀斯特以冰淇淋爲王道背書之時，卻很少有人買得起冰箱。在美國，1920 年代早期，福特 T 型車的價格爲美金 300 元，平均家庭年收入則是美金 2,000 元，而冰箱則要價美金 900 元。一直要到二次世界大戰後，市場才開始量產價格合理的冰箱。直到 1960 年代前，大部分的英國家庭都沒有冰箱。過去，人們會將食物放在冷藏櫃（令人容易搞混的是，它們也常被稱爲冰箱）或冰窖中保冷。如

這幅 1870 年的廣告上雖寫著「冰箱」，其實是指冷藏櫃。

果天氣夠冷，城市居民會將冰淇淋等食物放在防火梯上保冷；郊區居民則將食物放在後門廊上，或是埋在後花園的積雪中。1975年版的《烹飪之樂》（*Joy of Cooking*）中，作者珥瑪·S·隆鮑爾（Irma S. Rombauer）回憶起小時候冬天家中儲藏模製冰淇淋的方式：「我們小朋友總是希望後院的雪中冷凍著冰淇淋，挖寶實在太好玩了！」[11]

冰箱製造商意識到需要說服家庭們，這項新家用品值得如此高昂的開銷。通用電力公司出版於1927年的食譜書中，其中一篇標題便打著「為什麼需要冰箱呢？」作者推薦用冰箱來冷凍冰袋，以備生病時使用，還可以保存冰淇淋和其他冷凍食品。儘管早期的冰箱冷凍層根本沒比冰淇淋托盤大上多少。這本小手冊的作者愛麗絲·布萊德利小姐（Miss Alice Bradley），擔任法默小姐烹飪學校的校長、《女人的居家夥伴》編輯，對冰箱的實用性態度公正而坦率，她寫道：

> 在本書進行編輯的同時，電冰箱還不過只是項新發明，其全面的實用性還尚待發掘。不過，與需要加入冰冷凍的冰櫃相比之下，電冰箱已證實有了巨大的進步，有待使用者們找出最有助益的全新使用方式[12]。

隨著冰箱價格降低，買得起的人也越來越多，食譜以及製造商的小冊子也幫助了人們找到了上述的新方式，其中收錄著冰箱餅乾、冰箱麵糰、冰箱捲、冰箱蛋糕等諸多食譜。有錢買得起冰箱的人，也製作用來炫耀的料理。女主人們將水果和花朵冷凍在冰塊中，意外重現了樸素版的十七世紀宴會驚人冰金字塔。而冷凍沙拉、冷凍起司，還有令人雀躍的冷凍慕斯和芭菲的時代來臨了。正如英格蘭作家伊莉莎白·大衛（Elizabeth David）所述：

在這時的英格蘭，擁有一台冰箱是十分前衛的一件事……三〇年代是機智的女主人，單純為了獨創性，而端上許多冰或冷凍料理的時代 [13]。

戰時甜點

在戰爭時期，特別是二戰和戰後期間，談論甜點可能顯得有些枝微末節，但無論是貨真價實、還是回憶中的甜味，就算僅有一丁點，在如此艱苦的時期，人們仍欣然接受。作家兼藝術收藏家葛楚·史坦（Getrude Stein）和伴侶艾莉絲·B·托克拉斯（Alice B. Toklas）在戰時居住在法國，後來，托克拉斯撰寫了一本食譜兼回憶錄，憶起她們當時日常或是懷念的食物。在德國佔領期間，兩名女子從巴黎搬到了法國東北部的布里尼。在該地，托克拉斯說道，「我們活在過去。」她們比大部分的人們要來得更幸運一些，擁有一座蔬菜園，地窖中還有葡萄酒，但卻缺少奶油、牛奶和蛋。當托克拉斯製作一道偽麥片布丁佐覆盆莓凍甜點時，她寫道，「覆盆莓跟我們都哭喚著鮮奶油。」[14]

心中懷著能再次製作出最愛甜點的期盼，對生活仍有所幫助。托克拉斯滿心珍惜在 1940 年獲得的滿滿兩罐葡萄乾，以及香櫞、鳳梨、櫻桃、柳橙和檸檬皮蜜餞，並說道要將它們留到能製作解放水果蛋糕（Liberation fruit cake）的那天再使用，她寫道，「在

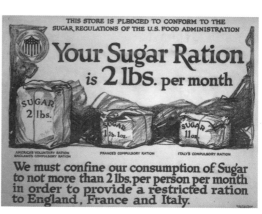

第一次世界大戰期間，美國人被要求自願減少糖的使用量，來幫助用量限制嚴苛的英國、法國和義大利。

經過七年的糧食限量配給，這些倫敦孩童們終於能享受一些甜食了。

愈發淒涼的冬日和 1944 年的早春，這兩罐葡萄乾撫慰激勵了我。」[15] 當德國士兵被分派駐紮於托克拉斯和史坦布里尼的家中時，托克拉斯將這些玻璃罐藏在亞麻櫥櫃中。士兵們一離去，法國也解放後，她便立刻製作這道蛋糕。

在托克拉斯 1954 年撰寫的《艾莉絲・B・托克拉斯食譜書》（*The Alice B. Toklas Cook Book*），她說道，「就連法式料理都尚未回到戰前水準。」[16] 在英格蘭，糧食配給也在同年結束，但特定的食物仍相當稀少。與歐洲和英格蘭相比，美國則幾乎沒有受到糧食配給或食物稀少的影響。糖的用量雖然受到限制，但玉米糖漿、蜂蜜、糖蜜、楓糖漿和果凍等替代品並未受到限量。製造商和家庭廚師使用棉花糖來當作甜味劑，他們融化棉花糖，並與奶水混合製作出各種冷凍甜點，並稱之為「*marlobets*」、「*mallobets*」或是「*marlows*」，也將棉花糖拌入從沙拉到布丁等各種食物當中。

確實，經濟大恐慌和戰爭不只在該時期，也對美國人日後的烘焙方式帶來影響，例如下面這份水果蛋糕食譜，多年來便歷經多次烘焙、修改與分享。住在麻州萊辛頓的作家和教育家多莉絲・菈克・普倫（Doris Luck Pullen），即便在大恐慌拮据時期和戰時限糧結束的許久之後，仍持續為親友製作這道蛋糕。以下為多莉絲提供給朋友的食譜，內含她個人對於蛋糕起源和儲藏的筆記。

多莉絲的水果蛋糕（DORIS'S FRUITCAKE）

這道變化版的假日水果蛋糕來自第一次世界大戰期間，不含蛋、奶油和牛奶。最初，它只是一道（不含蜜餞的）香料蛋糕，與傳統水果蛋糕相當不同。食譜中的「酒」可為白蘭地或蘭姆酒，刷在冷卻之後的蛋糕之上，用量隨喜。傳統上認為這道蛋糕可保存到新年後再食用也沒有問題。

二次世界大戰期間糖限量供應時，許多美國甜點使用輕盈蓬鬆的棉花糖來添加甜味。

葡萄乾 1 磅：燉煮 15 分鐘

水 2 杯

加入：小蘇打粉 1 大匙

冷水 1 杯

人造奶油 1/4 磅（1 條）

糖 2 杯

丁香、肉桂、豆豆蔻、鹽各 1 小匙

攪打加入：麵粉 4 杯、水果 1 罐（約 1 磅）、堅果仁（自由選用）

以 350 度烘焙 45-60 分鐘，依鍋子與烤箱的尺寸而定。

製作出 5 個小長方形鐵鍋大小的蛋糕。

視個人喜好，也可以在蛋糕冷卻後刷上酒。

以文藝、感官描寫食物著稱的美國作家 M・F・K・費雪（M.F.K.

Fisher），在 1942 年出版了《如何煮狼》（*How to Cook a Wolf*）一書，其中收錄了一份「出奇美味」的戰時蛋糕食譜。這道蛋糕需要使用半杯的白油（shortening），費雪也特別註記，可以使用培根油，因為蛋糕中的香料能覆蓋其風味。她也建議使用肉桂、丁香、肉豆蔻和薑等調味料，搭配碎葡萄乾或其他乾燥水果。她還推薦了一道可能來自中世紀的甜點，描述如下，

> 烤些許帶殼胡桃，並趁熱食用，搭配新鮮冰蘋果，如果可以的話，來一杯波特葡萄酒，因為甜點最具渲染力的效果之一，便是開啟一場美好的對話 [17]。

戰爭期間的英國和義大利禁止使用冰淇淋，但在美國，冰淇淋卻被宣告為必需品，這都要感謝冰淇淋製造商對議員的遊說。因此，對美國家庭來說，冰淇淋成了愛國的象徵；在海外，則為部隊提升了士氣。為了配合戰時條件，美國製造商的確做出了讓步：由於部分原料短缺，以及為縮減包裝和勞力成本控管，製造商推出的冰淇淋口味變少了；他們將乳脂的成分從百分之 14 降低至百分之 10，並用玉米糖漿來取代限量配給的糖。如此製造出的冰淇淋雖較不濃郁，然而美國的冰淇淋消耗量也在戰爭期間增加了。1940 年，美國人均食用 10 夸脫（9.5 公升）的冰淇淋，到了 1945 年時，人均食用量將近 17 夸脫（16 公升）。短短一年後，人們的食用量則比 20 夸脫（18.9 公升）稍微多出一些 [18]。戰後，廠商仍持續在原料端妥協，卻不是因為短缺或限糧，而是因製作乳脂含量較低且空氣含量較高的冰淇淋，能帶來更多的營利。直到 1960 年代，高乳脂冰淇淋上市，這項產品基本上與戰前的冰淇淋相同，雖只是舊酒裝新瓶地貼上「超優質」標籤，卻因此風靡一時。

果凍崛起

今日，色彩繽紛、晶瑩剔透的果凍深受孩童喜愛。果凍與水果和鮮奶油混合時，也能創造出泡沫豐富的甜點，並作為巴伐利亞鮮奶油、慕斯和冷舒芙蕾等甜點的基底。藝術家使用明膠來雕塑，老師們把它們當作手指畫顏料，有些人則在其中摔角。然而，一直要到十九世紀時，明膠的價格才變得親民，用法簡易的吉利丁片和吉利丁粉也在英國和美國上市。起初品質不穩定，也不受人們歡迎，但在加入糖和水果，改善風味之後，吉利丁粉開始被市場認可。1902 年，Jell-O 品牌便已誇下海口，以「美國最著名的甜點」作為廣告詞。

第二次世界大戰期間，明膠類甜點在美國格外受珍視，因為明膠與糖不同，並沒有受到限糧。人氣最高的品牌 Jell-O，利用《戰時餐點的一線希望：66 份聰明的限糧食譜》小手冊來促銷，手冊中包含了使用 Jell-O 所製成的料理，甜鹹皆有。最終，糖的限量供給確實迫使該產品背後的通用食品（General Foods）公司降低產量，美國雜貨店貨架上販售的 Jello-O 數量也變少了。然而該公司成功以幽默的廣告，將危機化為轉機，有些由紐約客雜誌的漫畫家海倫・霍金森（Helen Hokinson）所繪製，描繪女性機智應對 Jell-O 短缺的方式 [19]。

快速又簡單

戰後，正值歐洲人應對食物短缺的同一時期，食品製造商也鼓勵美國女性使用混合食材包來製作蛋糕和其他甜點。根據廣告，這些食材包對忙碌的家庭主婦來說，快速、簡單又省時。女性們極為忙碌，這一點倒是真的，許多人除了家務，在外還有工作，而沒有身兼其他職務的主婦們，還是得恪守「三合一太太」的職責，就跟珀斯特

數年前所指出的一樣。重點是，這些混合包對製作麵粉的公司來說可是救命的稻草，例如通用磨坊、通用食品和皮爾斯伯里等公司。越來越少女性會在家烘焙麵包，而食品製造商為了要補償麵粉銷量的下滑，便推出自家的蛋糕、瑪芬，以及其他種類的混合包來解決這個困境。

到了 20 世紀初，果凍的製作變得簡單又便宜，但成品就跟過往一樣令人讚嘆。

由於部分女性們對抄捷徑使用混合包感到內疚，製造商也推廣了運用混合包的創意手法。他們除了在包裝上，也在小冊子、食譜書、雜誌和報紙上印刷食譜，就跟明膠公司們一樣。有些混合包會要求加入一顆蛋，來幫助女性們增進烘焙過程上的參與感，但就跟蘿拉·夏皮洛（Laura Shapiro）對該時代全面性的研究——《烤箱出餐：重塑 1950 年代的美國晚餐》（*Something from the Oven: Reinventing Dinner in 1950s America*，2004）中所指出的一樣，包含乾燥蛋的混合包，人氣度其實也不相上下。「創意才是能將混合包轉化成真正烹飪的魔法，」夏皮洛解釋道 [20]。廠商食譜保證，樸實無華的蛋糕能變身成主婦驕傲端上桌的動人甜點。如果主婦對直接端上現成混合包製的簡單奶油蛋糕，感到不自在的話，可以在頂端加上市售冰淇淋、覆蓋上自製的蛋白霜，在烤箱中烤成棕色。製作雖簡單，成品仍是令人讚嘆的火焰雪山。

使用核果類水果和瓊斯小姐牌蛋糕混合包製成的奶油蛋糕。

並非人人都願意使用混合包，至少也不是每次烘焙都使用。將食譜和建議投稿至《波士頓環球》專欄「機密對談」的女性們，便深以能夠從零開始烘焙甜點而感到自豪。

從 1884 年起，《波士頓環球》便創立了「主婦專欄」，並在 1922 年更名爲「機密對談」。這項早期群眾外包平台（crowd-sourcing）一直到 2006 年 1 月廢立之前，都爲人們（男女皆有，但多數爲女性）提供了一個，能分享兩性關係疑難雜症、以及特別是對食譜存有疑慮和提出建議的討論空間。讀者們寄來丈夫最愛的布朗尼食譜、兒女的特別生日蛋糕和母親的家傳派。從不含起司的起司蛋糕，到「葛蘭姆·林區的軟糖水滴蛋糕」，讀者們相互

任何人都能使用卽時布丁混合包，製作出豪華的檸檬派。

回應彼此的食譜需求 21，這些女性們有時會使用混合包，但仍偏好從頭獨立製作甜點。

1960 年出版的《進階優質家園與花園甜點食譜書》（*Better Homes and Gardens Dessert Cook Book*）中，收錄了適宜多數場合、實作性高的食譜。例如蘋果餃子和檸檬蛋白霜派等家常甜點，也有泡芙酥皮點心、泡芙糕點和經典拿破崙蛋糕——「一位法國糕點主廚的終極藝術！」等詳盡的食譜 22。該書也集結了一系列使用現成混合包所製成的「1-2-3 甜點」，讓你「領先在起跑點」。其中一道「華麗咖啡太妃蛋糕」使用了天使蛋糕混合包、巧克力布丁混合包、即溶咖啡、英式太妃糖棒和打發鮮奶油 23。即食布丁使用鳳梨或杏桃汁，而非牛奶來製作，並加上打發鮮奶油來提昇風味，成就一道「瞬間」便能混合完成的甜點 24。市售冰淇淋則以冷凍水果、棉花糖、巧克力片或玉米片來裝飾。

許多年間，蛋糕混合包和即食食品的變遷不大，似乎深植於遙遠的過去。然而，就在二十一世紀初，新的混合包問世了。有些不含麩質；有些不含玉米糖漿、大豆或乳製品；而有些則為非 GMO（不含基改有機物）。簡單來說，這些混合包的目標群眾是年輕廚師們，訴求快速簡單的烘焙食品，但卻不想要人工調味，或是唸不出名稱的化學添加物。新一代混合包遵循了使用者期望提升參與感的舊理論，也會要求使用者自行添加食材，強調所謂創意的魔法。無瑕烘焙公司（Immaculate Baking Company）將需要外加蛋、牛奶和奶油的混合包稱為「粗混合烘焙包」。該公司的網頁展示了如何將蛋糕混合包變身成「簡易巧克力甘納許櫛瓜蛋糕」和「烤棉花糖巧克力夾心海綿布朗尼」等甜點 25。創立於 2014 年的瓊斯小姐烘焙公司（Miss Jones Baking Co.）則生產有機認證的蛋糕混合包和現成糖霜。該公司

在網站上刊載了「全日粉紅酒蛋糕」、「尼格羅尼蜜餞小蛋糕」和「抹茶蛋糕」等食譜，並鼓勵顧客在社交媒體平台上分享作品 [26]。

法國大革命

1960 年代時，茱莉亞・柴爾德（Julia Child）透過其著作、報紙專欄和電視節目，向美國人展現：法式烹飪也是可以很愜意的。柴爾德在出版於 1961 年的處女作《法式料理聖經》（*Mastering the Art of French Cooking*）前言中寫道：

> 這本書是寫給那些家中沒有雇用僕人的美國廚師們。有時，預算、腰圍、時程表、孩子的三餐⋯⋯雙親、司機、窩巢、母親四重職責切換，還有其他因素，不免干擾你們在研發美味上的享受 [27]。

儘管此書只比《進階優質家園與花園甜點食譜書》早一年出版，柴爾德卻沒有使用混合包，而是承認烹飪是需要奉獻時間的。與其提供快速又簡單的食譜，柴爾德向讀者承諾了美妙的菜餚。甜點並非她的專長，但書中仍收錄了一系列法式經典甜點，例如巧克力慕斯、法式香橙班戟「*crêpes Suzette*」和莎巴女王「*reine de saba*」（巧克力和杏仁蛋糕）。在隨後的幾本書中，她添加了更多種類的甜點，包括了一點也不法式的聖誕李子布丁。

不論讀者們是否使用過柴爾德的食譜，柴爾德溫暖的性格都深受喜愛。不論是立志當廚師者，還是仰賴混合包的女性們，甚至是將烹飪與第二性聯想在一起的女性主義者們，在烹飪和飲食觀念都受到柴爾德的影響。柴爾德希望美國人如同她的理念一樣，享受烹飪和用餐的愉悅。她在《法式料理聖經》的前言中作出以下結論：「無論如何，好好享受。」[28]

使用抹茶和蛋糕混合包製作而成的一人份蛋糕。

就在柴爾德指導美國人傳統法式烹飪技巧的同一時間，法國主廚們則顛覆了傳統，傳播新式烹調（nouvelle cuisine）的福音。這是項無可避免的發展，1960 和 70 年代，文化動盪。大學生們上街抗議，反戰與民權運動越演越烈；人們裙子越穿越短、頭髮越留越長，年輕的法國主廚也跟著造反。主廚保羅·博古斯（Paul Bocus）、尚和法蘭索瓦·特羅瓦格羅斯（Jean and Fran ois Troisgros）、亞藍·沙培（Alain Chapel）和羅歇·韋爾熱（Roger Vergé）等人轉化、精簡各自的料理，並激勵他人跟進。美食作家亨利·戈（Henri Gault）和克里斯蒂安·米約（Christian Millau）的餐飲指南中，創造出「*nouvelle cuisine*」這個新詞，來描述這項運動，並擁戴其哲學。新式烹調的特徵在於使用新鮮的季節性食材、縮短菜單，並刪除以麵粉為基底的醬料（至此為止，這些醬料都是法式料理的棟樑），以及對於新技術和器材的開放態度。在眾特點當中，最重要的標誌之一，便是受

日本藝術所影響的單人份及藝術性擺盤。儘管被戲稱爲巨大盤子上的一小口食物，新料理仍是十九世紀引進俄式上菜法以來，首次在上菜方面出現的重要改變。最終，受新式料理影響而改變的烹飪習慣，也遠遠突破了法國的疆界。

這些年輕主廚的成就之一，還包含了他們在菜單用語上所注入的幽默。傳統美食家自恃能流利地使用美食術語，卻突然發現這些詞語還隱藏著其他意涵。「Quenelles」並非精緻的魚丸或肉餃，也有可能是類似形狀的球狀物或是冰淇淋；柳橙醬（marmelade）除了柳橙，也可以使用洋蔥製作；法式千層酥（Millefeuilles）不只是常見的多層

上下顛倒的反烤蘋果塔（Tarte Tatin），其名稱「Tatin」來自 19 世紀在奧爾良經營旅館、宣揚此塔的兩姐妹。反烤蘋果塔也成爲法國最受歡迎的甜點之一。

卡士達醬薄酥泡芙糕點，也可以用馬鈴薯薄片堆疊製成。因此，過往以熟悉菜單法語而自豪的人們，現在面對初學者時，則失去了相對優勢。新詞彙的出現也代表著人人都必須歷經學習、發問的過程，並使用較口語，也更民主的方式，來與侍者對談。

當甜點變得較不鋪張賣弄、更加新鮮，焦點也從複雜的蛋糕和糕點，轉移到當季水果上。盤裝甜點往往會使用華麗的糖或巧克力裝飾，但像索耶過去所製作、令人歎為觀止的巨型山豬蛋糕，再也不復見了。新鮮蜜桃舒芙蕾、裝在精緻覆盆莓醬中，上頭撒著新鮮覆盆莓的香草冰淇淋餃（quenelles）、纖弱泡芙酥皮圓片上的焦糖化水梨片，這些新派甜點輕盈又令人難以抗拒。約瑟夫·威施伯格在《紐約客》中以米榭爾·蓋哈（Michel Guérard）作為主角的一篇側寫當中，對自己在蓋哈的巴黎餐廳「*Le Pot au Feu*」曾食用過的一道甜點，作出如下描述：

> 我通常會略過甜點，但……一時抗拒不了誘惑之下，我點了「*Granite de chocolat amer et brioche rôtie*」（苦甜巧克力烤布里歐許麵包）。這是一道由細碎的冰和苦甜巧克力製成的雪酪，搭配又甜又熱的布里歐許麵包……蓋哈問我，「夠輕盈嗎？」[29]

新的飲食風格傳遍了歐洲、英國、美國和其他地區。1982 年，作家、前任巴黎頂尖的拉瓦雷納烹飪學校總監安·韋蘭（Ann Willan）記述，「在美國，每個大城市都至少有一家新式料理餐廳，而在法國，所有關注米其林（Michelin）或高特米魯（Gault-Millau）指南的店家，都會在菜單上加入新風格的餐點。」[30] 美國作家雷蒙·索洛科夫（Raymond Sokolov）也在 1983 年的《自然歷史》雜誌中寫道，「當代的生活中，這項新的烹飪方法取得了貨真價實的成功。新式料理

在法國勝出，隨即在歐洲流行，抵達美國，並轉身來到日本。」[31]

新式料理也影響了後來稱作新美式料理（New American cuisine）的風格，愛莉絲‧華特斯（Alice Waters）便是個很好的例子。在華特斯位於加州的餐廳帕尼絲之家，她樂於使用最新鮮的食材以及當地農產品，在鹹甜皆有的料理上嘗試新菜色。在英國，包括馬可‧皮耶‧懷特（Marco Pierre White）、戈登‧藍姆齊（Gordon Ramsay）和弗格斯‧韓德森（Fergus Henderson）等新主廚，也以新派技巧和靈感來轉型英式餐飲。並非所有人都使用「nouvelle cuisine」一詞，但幾乎每個人都採用、或是調整了新式料理風格當中的元素。更加講究料理的風味濃郁和新鮮度，勝過其風格的莊重和浮華。

食材大翻玩

在過去二個世紀中，高級料理界圍繞著法國。法國主廚和糕點主廚奠定了風格和基準，而其他人只能遵從。歷史上，不論是在俄羅斯、英格蘭或是義大利，經濟足夠富裕的人們會聘請法國主廚，並享用法國料理，世界各地的餐廳則提供法文菜單。諸如新式法式料理等潮流，也都是在法國誕生。

來到二十世紀尾聲，美食世界的中心忽然重新定位，來到一個西班牙的偏遠的村落，一家叫做「El Bulli」（鬥牛犬）的餐廳。在該餐廳，分別擔任主廚和糕點主廚的法蘭（Ferran）和亞伯特‧阿德里亞（Albert Adrià）兩兄弟，成為這場新料理變革的先驅者。2003年，《紐約時報雜誌》的封面故事也成了官方宣言，頭條寫道，「新式新派料理（Neuva Nouvelle Cuisine）：西班牙如何成為法式新潮流」。當主廚兼作家安東尼‧波登（Anthony Bourdain）閱讀兩兄弟的著作《鬥

牛犬餐廳的一日》時說道：「各地的糕點主廚若讀到此書，必定會驚慌、讚嘆、目瞪口呆。我很能感同身受……想像他們捫心自問：『我又懂什麼呢？』」[32]

所謂的新式新派料理又稱作「現代主義烹調」（modernist cuisine）、「分子料理」（molecular gastronomy）、「建構主義」（consructivist）或「前衛料理」（avant-garde cuisine），結合化學、物理和烹飪，並從科學實驗室中借

威廉‧科里（William Curley）的當代版蒙布朗以栗子和打發鮮奶油所構成，且以阿爾卑斯山的最高峰命名。

來器材，食材則來自食品工業或是藥局。主廚除了攪拌器、碗和烤盤，也使用離心機、食物風乾機和注射器作為工具；他們除了蛋、麵粉、糖和香草豆，也使用海藻酸鈉（solium alginate）、黃原膠（xanthan gum）、葡萄糖粉（dextrose powder）和木薯麥芽糊精（tapioca maltodextrin）等食材；除了製作鮮奶油和烘焙，也使用如脫水或是晶球化（spherification）等技法，運用上述器材及食材所創造出來的，便是炫目又驚豔味蕾的美食。

鬥牛犬餐廳在摘下米其林三星之後，便在 2011 年關閉，並保證將來

捲餅「*Strudel*」意指「漩渦」，而傳統的蘋果捲餅是由酥皮、蘋果、肉桂、葡萄乾和風味交織而成。

巴賽隆那的「*Amorino*」（小天使花瓣）義式冰淇淋店，會將冰淇淋旋轉放入甜筒中，形成俏麗的花瓣模樣。

會再次開張。然而，它的影響力仍持續擴散。赫斯頓‧布魯門索位於英格蘭的「*The Fat Duck*」餐廳、懷利‧杜福雷斯尼在紐約的「*WD-50*」、格蘭特‧阿卡茲在芝加哥的「*Alinea*」、皮耶‧加尼葉在巴黎的同名餐廳「Pierre Gagnaire」，和雷內‧瑞澤皮位於哥本哈根的「*Noma*」等餐廳中，都可尋見蛛絲馬跡，這種精緻的技法橫跨全球，不受任何國界或美食風格的

限制。在書籍、研討會、大學課程，以及特別是網頁和部落格中廣傳著資訊。

現代主義甜點充滿奇趣和異國情調，也是錯視風格的勝利，外型從珊瑚枝、佈滿青苔的花園，到吉他擴大器不等。主廚使用 3D 列印機，創作糖和巧克力雕塑。他們製作出水果泡沫和固體狀的可可牛奶泡泡，並將裹有巧克力的櫻桃變成覆蓋著櫻桃的巧克力。其中，主廚最愛翻玩的，便是意想不到的冰淇淋風味了。這一點倒是沒什麼新奇的，文謙佐・可拉多（Vincenzo Corrado）在十八世紀時便已寫道，才華洋溢的西點師能將任何一種蔬菜變成雪酪冰淇淋。因此，使用甜菜根、零陵香豆（tonka beans）或是紫蘇葉來製作冰淇淋，並非異事，不過，使用菸草煙又是另一回事了。

以液態氮冷凍製作冰淇淋，也非新聞，但跟過去比起來的確更加普遍了。阿格尼絲・馬歇爾夫人在 1901 年時，便已提及這項可能性，然而她成功的真實性卻令人存疑，考量到她描述過程中的漏洞，普遍認為不可能真的成功。但馬歇爾夫人確實已察覺到液態氮的可能性，並提到了娛樂晚宴賓客的效果。一世紀後，她也被證明是對的，精緻餐飲的餐廳主廚透過這項技法，在現場創造出客製化冰淇淋口味娛樂客人。液態氮冷凍法也出現在較親民的餐廳中。最近，麻州劍橋的年輕創業家透過改造貨櫃，開了一家叫作「Churn2」的冰淇淋店，並使用液態氮客製化冰淇淋，取悅老少顧客。好巧不巧地，貨櫃便停放在哈佛大學科學中心外頭。

家庭廚師若想要使用現代主義技巧創造新甜點，可以上網尋找器材和食譜、購買打發鮮奶油虹吸管以及一氧化二氮瓶，並「將盒裝蛋糕混合物在微波爐中加熱一分鐘，變成蓬鬆、動人的甜點」。他們也可以購買乳酸葡萄糖酸鈣（calcium lactate gluconate）、海藻酸鈉和矽膠模具，並使用「冷凍逆向球形化」（frozen reverse spherification）

技術來將紅蘿蔔、柳橙和芒果汁轉變成類似蛋黃的外型，環繞著玫瑰結晶（rose crystals）端上桌 [33]。任何有錢有閒的人們都可以自行實驗，可能性無限大。

超脫束縛

並非每個人都想把廚房變成化學實驗室，也並非每份甜點菜單都需要創新。有些餐廳負擔不起新器材的投資購買；其他餐廳則知道自己的客群並不愛前衛甜點。飯店、麵包店和餐廳各有不同的客群和各自的喜好，因此現代甜點主廚的角色也大不相同。十七世紀時，主廚和糕點主廚的職責，是完全分開的，主廚準備或監督鹹食料理；糕點主廚則在辦公室，或是冷廚房中工作，並準備甜點、冷盤和糖雕。來到二十一世紀，這些分工已不再如以往壁壘分明，法式廚房嚴格的分界，不再像過往一樣嚴苛又充滿限制。

許多餐廳主廚負責甜點創作，有時是為了節省額外雇用糕點主廚的費用，有時則是因為自己享受製作過程。他們往往會結合過去被視為只適合鹹料理的食材，加入甜點。糕點主廚根據工作場所，則各有不同的專長。受僱於餐廳的糕點主廚，會製作單人份的裝盤甜點，而非視覺驚人的大蛋糕，後者屬於飯店和宴會糕點主廚的職責範疇。有些糕點主廚會在二到三家不同的餐廳擔任顧問，創建甜點菜單，但將料理的準備工作留給廚師。一般餐廳，其甜點通常會保留熟悉的拿手餐點，其糕點主廚則可能選擇製作向傳統家常風味致敬的甜點，例如剛出爐的義式脆餅或是薑餅等，或是在夏季端上水果塔、冬季端上烤布蕾或巧克力布丁等季節性甜點。至於迎合較雅緻客群的餐廳，則需要提供更創新的料理，可能是一系列嬌小、風味相似的甜點。例如，盤旋在迷你抹茶蛋糕上的濃縮咖啡慕斯，搭配巧克

以液態氮製作冰淇淋，除了更快速，過程也更戲劇化。

力甘納許緞帶，以及一小球白巧克力冰淇淋，頂端點綴咖啡泡沫。
這類餐廳除了講究口味，也會強調擺盤的藝術。

而零售糕餅舖除了派和蛋糕，也販售馬卡龍和杯子蛋糕等單人份甜
點。巧克力師致力於打造高技術性巧克力作品，他們通常會經營自
己的品牌，或是在店家、而非餐廳中就職，當然巧克力師也可能受
宴會聘請，製作複雜的雕塑。任職於食物外包公司的糕點主廚，則
創作適合量產的甜點。

不少餐飲業者發現，與其雇用糕點主廚，將甜點外包給食物承包商
更方便，獲利也更高。甜點在冷凍狀態下送達餐廳後，隨時可以解
凍端上桌，或在短暫烘焙或微波後端上桌，其產品種類繁多：事先
準備好的餐後茶點（ *Petits fours* ）、蘋果塔、慕斯蛋糕、布朗尼、布丁，

透過冷凍保存，在全國或全球運送販售。有時，這些甜點也被稱作「隱形冷凍物件」，寄送至餐廳、飯店、麵包店和外燴業者，再販賣給顧客。然而後者毫不知情，自己正在享用的起司蛋糕或是法式泡芙，是經過長途運輸才來到眼前，而不是在餐廳中製作的[34]。（當然，你也可以在超市冷凍櫃中找到這些甜點，這些資訊都標示清楚、顯而易見）。

從東京到達拉斯、巴黎到倫敦，冷凍甜點的製作與販售無遠弗屆，這些甜點製作公司也對自家的品質、創意與價值感到自傲。商業誌《歐洲食物期刊》（*European Food Journal*）引用了法國「Boncolac」公司代理人的話：

> 本公司旗下有群充滿熱情、熱愛烘焙的主廚和糕點師，他們熟知法式糕點的製作與傳統……我們創作出精緻的食譜，也研發出最頂級的製程來提升食品冷凍前的風味[35]。

美國公司「黛安的精緻甜點」（Dianne's Fine Dessert）自詡為「終極精緻甜點創造者」，並拍胸脯保證「讓你的甜點生意次次擴獲顧客的心」[36]。英國的甜點公司（Dessert Company）則強調：

> 提供種類廣泛的豪華現成甜點給外燴業者，商品價格競爭力高，利潤餘裕高，還為您省下準備的時間成本，不只如此，我們也提供快速又可靠的送貨服務，即刻搞定您需要的甜點[37]。

儘管冷凍甜點如此便利，顧客們大概還是希望產品源頭更加透明。

一些舊，一些新

1549 年，比利時的班什城堡舉辦了一場向荷蘭腓力二世致敬的盛宴。這場活動在天花板裝飾著星星燈、燒著香水油的夢幻房間（*salle enchantée*）中舉辦。餐桌上擺放精巧的糖宴，一路延伸至天花板，並伴隨著雷聲和美味糖衣甜食製成的冰雹 [38]。2015 年，主廚多明尼克·安塞爾（Dominique Ansel）在紐約的餐廳「*Dominique Ansel Kitchen*」，為一系列下班後甜點品嚐活動「U.P.──無限可能」製作了一席延伸至天花板的料理，提供僅八名賓客、八道料理所組成的餐點。第一份菜單的主題為「最初回憶永留藏」，餐點包含了「第一世界」──漂浮之島的變化版本，其風味令人憶起嬰兒期的食物，其中有由注入香草的豌豆花米漿製作而成的英式蛋奶醬，還有方形小紅蘿蔔蛋糕漂浮在卡士達之上。另一道甜點則是「第一次心碎」，包含了石板路冰淇淋（Rocky Road），周圍環繞著蛋白霜花瓣。賓客受邀點燃花瓣，融化冰淇淋，就像初戀往往熊熊燃燒，最後融化消逝一樣 [39]。

當今一些最知名的甜點主廚喜歡重新詮釋、或是解構傳統甜點，製作出屬於當代的創新版本。蘇格蘭主廚兼四次巧克力學院英國最佳巧克力師（Best British Chocolatier by the Acedemy of Chocolate）贏家威廉·科里（William Curley），便以重新詮釋經典甜點而著稱，例如黑森林蛋糕。他捨棄大份巧克力櫻桃蛋糕，選擇製作單人份的小蛋糕。每一份蛋糕都由巧克力海綿蛋糕、櫻桃白蘭地糖漿、巧克力慕斯、糖煮櫻桃和巧克力威化餅所組成。科里將冷凍蛋糕，並覆蓋上一層晶瑩的巧克力糖汁，蛋糕外觀看似簡單，內部多重風味和質地組成了完美平衡 [40]。

巴黎藍帶廚藝學校糕點技術總監尚－弗朗索瓦·德吉涅（Jean-François Deguignet）創作了迷你版的傳統巴黎布雷斯特泡芙。德吉涅的小泡芙就跟原版一樣，以泡芙酥皮製作，但卻安座在奶油蛋糕和白巧克力圓片之上。這些糕點受到日本的影響，其中填滿了芒果、百香果和柚子醬，再加上巧克力鮮奶油進行冷凍。德吉涅在小圓球上淋上染成黃綠色的白巧克力糖衣，並用極小的銀葉碎片裝飾。他運用傳統技巧，佐以進口原料，以全新方式詮釋這道甜點[41]。

不論奠基於過去的經典，還是創意新點子，甜點風潮都沒有界線。其中，糕點競賽便是一種相當古老的傳播方式，這些競賽至少可以追溯到十九世紀的巴黎，後來也傳到了倫敦、維也納和其他城市。今日，來自法國、英國、日本、美國、德國和其他國家的糕點主廚團隊聚集在不同地點，為榮譽和獎項競爭。他們花上長達四天的時間，來展示自己的技巧、創意和韌性。競賽項目包括了糖雕、杏仁膏模型、盤裝甜點、餐後茶點、展示用巧克力、冷凍甜點、杯子甜點（盛在玻璃杯中的分層甜點）和換場點心。換場點心再也不是在各道菜之間端上的菜餚或是小餘興，現在也算是正式的甜點了。國際知名的甜點專業人士評審們，則會依照藝術性、技術價值，和口感來打分數。這些競賽除了提供獎金和名望之外，也激發了新點子，並藉此場合向主廚們介紹新食材與新知識。不論是專業或業餘的糕點競賽轉播，都十分精彩且充滿娛樂性，為觀眾增廣見聞的同時，也提升了他們對甜點的期待。無論如何，競賽能為甜點愛好者帶來全新經驗與口感體驗。

雖然索耶和埃斯科菲耶可能無法辨識今日主廚們使用的技巧、器材，甚至是其中許多食材，但他們一定十分樂見這些作品帶來的戲劇性和趣味。甜點建築大師卡漢姆肯定也會對今日製作糖雕所使用的 3D

也許是受到吉維尼花園中的蘋果樹啟發，克勞德‧莫內繪製了經典、永恆的法式塔。

印表機，大感驚豔，至於艾密，可能會對液態氮冷凍冰淇淋抱持懷疑的態度。畢竟，他並不贊同在冰淇淋中加入利口酒，但如果他能親自嘗試這項新技術，很可能對此大為佩服，並將其加入自己的技巧裝備清單。長久以來，甜點主廚不斷以全新方式創造誘人口味，試著名留青史，今日的糕點主廚當然也不會缺席。

甜點成就佳節時光

節日甜點在人人心中佔有一席之地。雖然它們可能有些老派，我們也不一定會在該節慶以外的時機享用，甚至其實沒那麼喜歡它

們。根據我們的傳統，感恩節時一定要吃南瓜派、聖誕節要吃聖誕（或李子）布丁，齋戒月要吃果仁蜜餅，排燈節則是要吃甜起司（sandesh）。

傳統節慶甜點若受到禁止，反而會更受珍重。就連共產主義獨裁者，都不能阻止人們享受甜點。現居比利時的作家阿爾貝娜·史科多娃（Albena Shkodrova）在保加利亞的共產政權下長大時，是禁止慶祝聖誕節的，因此，母親會在新年夜製作一家人最愛的聖誕甜點——每年不可或缺的甜南瓜餅（tikvenik），其中填滿了甜南瓜和胡桃，以肉桂調味，烘焙得酥脆且呈金黃色。史科多芙娜家族的傳統是將

英國巧克力甜點大師威廉·科里（William Curley）保留黑森林蛋糕的經典風味，在外觀上賦予其優雅新樣貌。

祝言寫在小紙條上，塞進每份糕點當中。不幸中卻又十分搞笑的是，每次完成節日準備工作，並寫好所有祝言之後，阿爾貝娜的母親總是過於疲倦，有時反而將糕點端給錯誤的對象。有一年，七歲大的阿爾貝娜被祝言允諾會得到教授職位，而小表弟則被預言很快就能到浪漫的異國出差。雖然如此，對史科多娃來說，最重要的還是甜南瓜餅本身，還有烘焙時散發出的香味，總能重現故鄉佳節的氣氛和感受。她所分享的家傳食譜如下：

保加利亞甜南瓜「*TIKVENIK*」

現成千層酥皮生麵糰 1 包（可能不需要使用完畢）

解凍

磨碎的南瓜 1 公斤，或是 1 磅的罐裝南瓜泥（非南瓜派餡料）

粗略切碎的胡桃 1 杯（150 克）

糖粉 1/3 杯（65 克）

肉桂 2 小匙

菜籽（芥花）油大約 4 大匙

糖粉

記得取一塊微濕的布覆蓋尚未烘烤的千層生麵糰。將烤箱預熱至攝氏 175 度（華氏 350 度）。在烤盤上抹上油或是鋪上烤盤紙。

將南瓜、胡桃、糖和肉桂攪拌在同一個碗中。

將一張千層生麵糰鋪在烤盤上，上頭抹上少量的油。頂端蓋上第二張麵糰。

將一大匙的餡料分散在麵糰上，避開邊緣。

將含有餡料的麵糰捲成小管狀，並放入鍋中。重複上述步驟，直到使用完所有餡料為止。

在甜南瓜捲的頂端刷上少許油。

烤 25 到 30 分鐘，直到質地變酥脆且呈棕色為止。

撒上些許糖粉，趁還保有溫熱時，或在室溫下端上桌。

可製作約十二份甜南瓜捲。

許多國家的聖誕節期間，餅乾（或曲奇餅乾）可說是無所不在。從俄羅斯到德國、義大利到西班牙、法國到美國，餅乾被塑形並裝飾成聖尼古拉、聖誕樹、星星和薑餅人的樣貌，人們烘焙、交換並懸掛餅乾於聖誕樹上，許多家庭有各自最愛的傳統餅乾。明尼蘇達大學的博士候選人艾蜜莉・貝克談到祖母製作簡單的糖餅乾，直到現在，這些餅乾對她來說仍是聖誕節的象徵，而且「裝在使用多年的特百惠（Tupperware）牌綠色大碗公中時，嚐起來是最美味的！」[42]

「義式蜂蜜球」（*Struffoli*）是浸泡在蜂蜜中的油炸點心球，也是拿坡里聖誕甜點的精髓。一位來自波士頓的教師蘿絲・耶蘇說，在她跟姐妹還小時，總盼望著享用這道甜點。她們會跟洋娃娃一起舉辦茶會，並吃光所有媽媽允許她們能吃的義式蜂蜜球。耶蘇的母親並沒有使用食譜，因此女兒們從未學習如何製作這些蜂蜜球。現在，姐妹們只好向朋友、食譜書和網路尋求作法。但耶蘇表示，「嚐起來還是跟媽媽的蜂蜜球不太一樣。」

在法國、魁北克和法語地區，聖誕節會享用聖誕樹幹蛋糕（*büche de Noël*），也就是一道充滿鮮奶油的海綿蛋糕捲，為了模擬圓木外型，蛋糕捲上覆蓋著巧克力，象徵為冬季的黑暗帶來溫暖和明亮。在普羅旺斯，有項可愛的習俗是提供十三道不同的甜食作為甜點。據說，這是為了代表基督和十二使徒，甜品包含了各類水果、堅果、牛軋糖、蛋糕和餅乾。

德國的傳統聖誕甜點則是麵包布丁（*Mohnpielen*）。《超越油煎香腸》

《帕克》雜誌（1903）封面，描繪了製作感恩節派與人們期待的情景。

鮮奶油熔岩巧克力蛋糕（*Mohr im Hemd*）是一道單人份巧克力蛋糕，包裹於巧克力當中，頂端以打發鮮奶油裝飾。維也納甜點果真名不虛傳。

（*Beyond Bratwurst*，2014）作者烏蘇拉‧海恩澤曼寫到，聖誕節若少了一大碗母親和奶奶年復一年所製作的麵包布丁，就不是聖誕節了。當海恩澤曼的外祖父從前西里西亞省西部搬到柏林時，也將食譜一同帶來。海恩澤曼說，許多家庭會將麵包、罌粟籽、葡萄乾和麵包製作成這道撫慰人心的甜點，在聖誕夜禮拜後給孩童享用，「以作為一道平靜的序曲，為令人興奮的拆禮物時光做準備。」然而，在海恩澤曼的家中，這道甜點會搭配甜麗絲玲白葡萄酒，當作聖誕晚餐的甜點使用。在我的家中，聖誕甜點後，總會繼續慢慢地享受水果、堅果和托隆糖（torrone）或義式芝麻薄餅。從小到大，我都不知道這樣的傳統可以一直追溯回中世紀。在得知這項史實後，我也更加珍惜這些甜點了。

猶太新年（Rosh Hashanah）時值秋季，而在阿什肯納茲（Ashkenazi）傳統當中，蜂蜜蛋糕象徵著對甜美來年的期望。有人說，缺少蜂蜜蛋糕的猶太新年，就不是新年了。接著，他們會承認自己其實不喜歡蜂蜜蛋糕。一位希望保持匿名的朋友堅持道，「沒有人喜歡蜂蜜蛋糕。」她說，他們會自製或是購買蛋糕，吃個幾片，等放得夠久之後便丟棄它們。對某些人來說，聖誕節的水果蛋糕也是一樣的存在。猶太的春季節日逾越節，嚴格地規定廚師不能使用普通的麵粉和發酵食品。然而，隨著時間變遷，充滿創意的廚師們也迎向挑戰，製作出無麵粉餡料蛋糕、椰子馬卡龍、蛋白霜、覆蓋著巧克力的無酵麵包，以及一道可口的義大利杏仁檸檬海綿蛋糕（*bocca di dama*），或稱淑女之吻（*lady's mouth*）。儘管限制重重，在加州經營鋼琴修復業的勞倫斯・紐豪斯仍說，他熱愛逾越節甜點。其中他最愛的一道美味甜點來歷不明，而奇特的名稱比起一道派，聽起來更像是慕斯蛋糕：

暗黑埃及巧克力慕斯派
（DARKNESS IN EGYPT CHOCOLATE MOUSSE PIE）

奶油 200 克 *

糖 200 克

可可粉 2 大匙

苦甜巧克力 100 克

白蘭地 1 大匙

蛋 4 顆，分蛋 **

無酵粉 4 大匙

胡桃 2 大匙，切碎

將烤箱預熱至攝氏 175 度（華氏 350 度）。在派盤上抹上奶油，將奶油、糖、可可粉和巧克力融化，放置冷卻。一邊攪拌加入稍微攪拌過的蛋黃和白蘭地。

將蛋白攪打至硬性發泡，接著慢慢地拌入冷卻的巧克力混合物中。

將無酵粉加入一杯巧克力混合物當中。將混合物倒入抹上奶油的派鍋當中（保留剩餘的份量），並烘焙 30 分鐘，靜置冷卻。

使用剩餘的巧克力混合物製作糖霜，撒上堅果，並端上桌。

* 使用人造牛油而非奶油來製作素馨（pareve）版本。

** 蛋白不會煮熟。如果你對半熟蛋白有疑慮的話，可以考慮使用巴氏滅菌的蛋白。

對世界各地的宗教和世俗慶典來說，春天是甦醒和更新的季節。在我們來到各種食品全年皆可購得的年代，以及超越季節性的飲食出現之前，春季代表著食物產量增加，冬日已盡，而大地也蹦出充滿希望的綠芽。動物們孕育新生，重新供應起蛋和牛奶。今日，雖然我們如此輕易就能取得乳製品食材，我們仍會特別在春季端上含有巧克力、牛奶和起司的甜點。對某些孩子來說，這代表他們會得到巧克力彩蛋和棉花糖小雞，當然，孩子們鮮少理會這些點心背後的意涵，往往直接開心地吞下肚。對我來說，當春天來臨，代表是時候來製作已故阿姨潘西・曼琪拉（Pansy Manzella）的瑞可塔派了。這是道傳統義大利復活節甜點，但各人有各自的版本。我曾經在普利亞的一家麵包店跟一名女子談到這道派。她問我，我家是否會使用小麥仁製作。我則說，不會耶。沒關係，她微笑著答道：「simile。」（很相似）。以下是我阿姨的食譜，我增加了香櫞蜜餞的數量。

瑞可塔派（RICOTTA PIE）

在一個直徑 8 或 9 吋（20 公分）的派盤上鋪上你最愛的派皮。

將烤箱預熱至華氏 325 度（攝氏 175 度）。

全脂瑞可塔起司 2 磅（900 克）

糖 1 杯（200 克）

大顆雞蛋 4 顆

八角（或是香草）精 2 小匙

香橼或是橙皮蜜餞 3 大匙

在一個大碗中，使用電動攪拌器，將瑞可塔和糖攪打到質地變得極為滑順為止。一次加入一顆蛋，每次加入之後充分攪打。加入八角或香草精以及蜜餞混合。

倒入鋪有酥皮的派盤中，烘焙約 35 分鐘，靜置冷卻，直到凝固為止。在端上桌前，將少許糖霜（糕點師糖粉）過篩至派上，是相當不錯的點綴。

希臘東正教的復活節甜點當中，也含有蛋和起司。數年前的五月，在塞普勒斯的托契村中，一名當地女子大方地向我展示傳統賽普勒斯復活節起司麵包（*flaounes*）的做法。這道糕點中填滿了哈羅米（一種賽普勒斯起司）、薄荷、糖，還有通常會加入葡萄乾製成的餡料。我們興奮地觀看製作過程，並品嚐這道糕點，但最興奮的人還是女子的丈夫。他說，這是他首次在一年當中二度嚐到「*flaounes*」。妻子開始製作的那一刻起，丈夫臉上就掛著大大的笑容，一直持續到最後一塊「*flaounes*」吃完的許久，都沒有停歇。

ARTISTICALLY SERVED ICES.

Lith. Lankhout The Hague.

1. Asparagus Ice flavoured with Asparagus Flavouring.
2. Violet Ice flavoured with Violet Flavouring and studded with Crystallized Violets.
3. Bunches of Roses, Violets, Primroses, Carnations, Orange Blossoms dressed with Ivy Leaves.
4. Three different Roses, also flavoured as Flowers.
5. Strawberry, Lemon, Raspberry, Chocolate, Cafe au Lait, Orange.

典雅的十九世紀英格蘭冰點，出自著名的《實踐性烹飪法百科》。

能夠牽起快樂時光、家族慶祝與美好回憶之間的連結，是節日甜點受到珍重的原因之一。或許，一年當中只製作一次（撇除異國賓客來訪的罕見情況），反讓我們更加珍惜它們。

甜點時代來臨了

對於抱著「最後一道是最好的一道」想法的我們來說，現在是個大好時機。無論是在家自製甜點，還是在外購買，我們都擁有過往富人們前所未見的食材、器材和選項。我們可以仿效中世紀的祖先，用甜酒、糖衣堅果和果乾為一餐畫上句點；也可以享受像太妃糖椰棗糕這樣的古早甜點；或是以虹吸氣壓瓶來製作澎鬆輕盈的蘋果和椰子泡沫，創作實驗性新甜點；不必再費力又無聊地旋轉曲柄——只要按下一顆按鈕，便能冷凍冰淇淋；可以選擇自行烘焙櫻桃派，或是直接購買成品。

對於想學習製作甜點的人們來說，機會不勝枚舉。與昔日相比，食譜內容細節更詳盡，也更直白明確，在書籍、雜誌和報紙中則無所不在。電視上的烹飪節目和網路上的影片，都示範了從泡芙酥皮到餐後茶點等各種甜點的製作。所有必要和非必要器材，都只要一鍵下訂，即可購得。隨著世界變得越來越小，食譜和點子隨著乙太網路飛送傳播至各國，即刻抵達每個人面前。

對以製作甜點維生的人們來說，生活也變得更美好了。儘管薪水並非總是達到應有的水準，甜點主廚現在終於被當作專業人士看待，且不論來自何處，是男是女，人人都能成為糕點師。儘管過去存在著索耶這樣知名的主廚，但大部分的主廚其實一文不名，在艱困又有害健康的條件下勞動，然而來到今日，糕點主廚受到大眾尊重，

有些還名列在餐廳菜單上，也能在報章雜誌、電視上和社群媒體中，看到有關他們的簡介。

數個世紀下來，飲食禮儀的規矩變得越來越寬鬆。今天我們可以自行選擇想吃的甜點種類和風格，可以使用最高雅的瓷器盛放甜點，以玫瑰花束裝飾餐桌，也可以使用紙盤盛裝，推說是場野餐。甜點可以在講究入座順位的正餐料理，或者非正式的自助餐會登場，也可以是大家各自準備一道料理的聚餐餐點。人們可以隨意使用叉子、湯匙或是徒手來享用它們。

更棒的是，甜點變得比過往來得更加便宜，且更為普及。雖然人群中總會有比我們更富裕之人，但如今多數人都負擔得起在晚餐後的甜點享受了。冰淇淋不再只為帝王的餐桌所保留，普天之下人人都能享用。甜點的時代，終於來臨了。

文獻出處

第一章 人類古老的飲食習慣

01 Eileen Power, *The Goodman of Paris* (New York, 1928), p. 226, p. 173.

02 Nicole Crossley-Holland, *Living and Dining in Medieval Paris* (Cardiff, 1996), p. 163.

03 Rachel Laudan, *Cuisine and Empire: Cooking in World History* (Berkeley, CA, 2013), p. 177.

04 Jessica Mudry, 'Sugar and Health', in *The Oxford Companion to Sugar and Sweets*, ed. Darra Goldstein (New York, 2015), p. 671.

05 Kate Colquhoun, *Taste: The Story of Britain Through Its Cooking* (New York, 2007), Kindle edition unpaginated.

06 Anonymous, *Good Huswifes Handmaide, for the Kitchin* (London, 1594), p. 32.

07 Gervase Markham, *The English Housewife Containing the inward and outward Vertues which ought to be in a compleate Woman* (London, 1631), p. 107.

08 Anonymous, *Good Huswifes Handmaide*, pp. 31–2.

09 Terrence Scully, ed. and trans., *Chiquart's 'On Cookery': A Fifteenth-century Savoyard Culinary Treatise* (New York, 1986), pp. 17, 61.

10 Thomas Dawson, *The Good huswifes jewell* (London, 1587), p. 13.

11 Kate Atkinson, *Life After Life* (New York, 2013), p. 450.

12 Jean-Louis Flandrin, *Arranging the Meal: A History of Table Service in France* (Berkeley, CA, 2007), pp. 103–4.

13 Ephraim Chambers, *Cyclopaedia: Or an Universal Dictionary of Arts and Sciences* (London, 1741), unpaginated, https://books.google.com, accessed 31 August 2016.

14 Massimo Montanari, *Cheese, Pears, and History* (New York, 2010), p. 52.

15 Ibid., p. 8.

16 Elizabeth Field, *Marmalade: Sweet and Savory Spreads for a Sophisticated Taste* (Philadelphia, PA, 2012), p. 25.

17 Alan and Jane Davidson, trans., *Dumas on Food: Recipes and Anecdotes from the Classic Grand Dictionnaire de Cuisine* (Oxford, 1987), p. 210.

18 Mireille Johnston, *The Cuisine of the Sun* (New York, 1979), p. 238.

19 Power, *The Goodman of Paris*, pp. 305–6.

20 John Florio, *Queen Anna's New World of Words, or Dictionarie of the Italian and English Tongues* (London, 1611), p. 385, www.pbm.com, accessed 15 February 2016.

21 William Younger, *Gods, Men, and Wine* (Cleveland, OH, 1966), p. 284.

22 Ibid., p. 340.

23 Thomas Heywood, *The Fair Maid of the West* (London, 1631), https://archive.org, unpaginated, accessed 31 August 2016.

24 Hannah Woolley, *The Queene-like Closet or Rich Cabinet: Stored with All Manner of Rare Receipts For Preserving, Candying and Cookery. Very Pleasant and Beneficial to all Ingenious Persons of the Female Sex* (London, 1684), pp. 106–8.

25 在莎士比亞的《亨利四世上篇》（*Henry iv，Part I*）中，霍茨波（Hotspur）責備妻子罵起粗話來跟蜜餞師的老婆沒兩樣。他的意思是，她的用語太過高雅了。在伊莉莎白時期，用詞強烈的髒話是被讚許的，因此霍茨波希望她罵起髒話來可以「滿口詛咒連篇」（a good mouth-filling oath）。

26 Sir Walter Scott, *The Journal of Sir Walter Scott* (New York, 1891), https://archive.org, unpaginated, accessed 28 November 2016.

27 Johann Wolfgang von Goethe, *Italian Journey*, trans. Robert R. Heitner (New York, 1989), pp. 402–4.

28 Charles Dickens, *Pictures from Italy* (Boston, MA, 1868), pp. 116–20.

第二章 大飽眼福的視覺饗宴

01 Terrence Scully, 'The Mediaeval French *Entremets*', *Petits Propos Culinaires*, XVII (Totnes, 1984), pp. 44–56.

02 Marcia Reed, 'Feasting in the Streets', in *The Edible Monument: The Art of Food for Festivals*, ed. Marcia Reed (Los Angeles, CA, 2015), pp. 90–91.

03 Robert May, *The Accomplisht Cook, or the Art & Mystery of Cookery* (London, 1685), pp. 11–12.

04 Colin Spencer, *British Food: An Extraordinary Thousand Years of History* (London, 2001), p. 131.

05 Anonymous, *A Closet for Ladies and Gentlewomen. Or, The Art of Preserving, Conserving, and Candying* (London, 1611), pp. 30–34 and 39.

06 Gervase Markham, *The English Housewife* (London, 1631), p. 136.

07 Kathleen Curtin, 'Gervase Markham', in *Culinary Biographies*, ed. Alice Arndt (Houston, TX, 2006), pp. 254–5.

08 Markham, *The English Housewife*, p. 125.

09 Joseph Imorde, 'Edible Prestige', in *The Edible Monument: The Art of Food for Festivals*, ed. Marcia Reed (Los Angeles, CA, 2015), pp. 106–9.

10 Marcia Reed, 'Court and Civic Festivals', in *The Edible Monument: The Art of Food for Festivals*, ed. Marcia Reed (Los Angeles, CA, 2015), pp. 29–32.

11 Peter Brears, *Food and Cooking in 17th Century Britain: History and Recipes* (Birmingham, 1985), pp. 24–5.

12 Mary Işin, *Sherbet and Spice: The Complete Story of Turkish Sweets and Desserts* (London, 2013), pp. 52–7.

13 Tor Eigeland, 'Arabs, Almonds, Sugar and Toledo', *Saudi Aramco World* (Houston, TX, 1996), pp. 32–9.

14 Anonymous, *The Compleat Cook: Expertly prescribing the most ready ways, whether Italian, Spanish, or French, For dressing of Flesh, and Fish, ordering of Sauces or making of Pastry* (London, 1659), pp. 116–17.

15 Sir Kenelme Digby, T*he Closet of the Eminently Learned Sir Kenelme Digby Kt. Opened* (London, 1671), pp. 213–14.

16 Jane Stevenson and Peter Davidson, eds, Introduction in *The Closet of Sir Kenelm Digby Opened* (Totnes, 1997), p. 31.

17 Digby, *The Closet*, p. 134.

18 Peter Brears, 'Rare Conceits and Strange Delights: The Practical Aspects of Culinary Sculpture', in *Banquetting Stuffe*, ed. C. Anne Wilson (Edinburgh, 1991), p. 61.

19 William Rabisha, *The Whole Body of Cookery Dissected, Taught, and fully manifested Methodically, Artificially, and according to the best Tradition of the English, French, Italian, Dutch, &c.* (London, 1673), p. 269.

20 Digby, *The Closet*, p. 142.

21 T. Hall, *The Queen's Royal Cookery, 2nd edn* (London, 1713), pp. 166–70.

22 Digby, *The Closet*, pp. 247–8.

23 Darra Goldstein, 'Implements of Easting', in *Feeding Desire: Design and the Tools of the Table* (New York, 2006), p. 118.

24 Barbara Ketcham Wheaton, *Savouring the Past: The French Kitchen and Table from 1300 to 1789* (London, 1983), p. 163.

25 Anne Willan with Mark Cherniavsky and Kyri Claflin, *The Cookbook Library* (Berkeley, CA, 2012), pp. 166–7.

26 Nicola Humble, *Cake: A Global History* (London, 2010), p. 32.

27 François Massialot, *The Court and Country Cook*, trans. J. K. (London, 1702), p. 2.

28 François Massialot, 'New Instructions for Confectioners', in *The Court and Country Cook*, trans. J. K. (London, 1702), pp. 1–130.

29 Bartolomeo Stefani, *L'arte di ben cucinare, et instruire* (Mantua, 1662), pp. 119–27.

30 Wheaton, *Savouring the Past*, p. 188.

31 Charles Carter, *The Compleat City and Country Cook: or Accomplish'd Housewife* (London, 1732), pp. iii–viii.

32 Arthur Young, *Travels during the Years 1787, 1788, and 1789, Undertaken more particularly with a View of ascertaining the Cultivation, Wealth, Resources, and National Prosperity of the Kingdom of France* (Dublin, 1793), pp. 580–81.

33 Michael Krondl, 'Dessert', in *The Oxford Companion to Sugar and Sweets*, ed. Darra Goldstein (New York, 2015), pp. 212–13.

34 Ian Kelly, *Cooking for Kings: The Life of the First Celebrity Chef* (New York, 2003), pp. 192–4.

35 Anonymous, *The Whole Duty of a Woman, Or, an infallible Guide to the Fair Sex* (London, 1737), pp. 625–30.

36 Alexis Soyer, *The Modern Housewife or Menagere* (London, 1851), p. 398.

37 Mrs W. M. Ramsay [Lady Agnes Dick (Marshall) Ramsay], *Every-day Life in Turkey* (London, 1897), pp. 150–55.

38 Lady Montagu's letter was published in *Turkish Embassy Letters* (London, 1993), pp. 87–8.

第三章 乳製品帶來的歡樂時光

01 Carolin Young 'La Laiterie de la Reine at Rambouillet', in *Milk: Beyond the Dairy: Proceedings of the Oxford Symposium on Food and Cookery, 1999*, ed. Harlan Walker (Blackawton, Devon, 2000), pp. 361–2.

02 Meredith Martin, *Dairy Queens: The Politics of Pastoral Architecture from Catherine de Medici to Marie-Antoinette* (Cambridge, MA, 2011), pp. 29–31, 186.

03 Ashlee Whitaker, 'Dairy Culture: Industry, Nature and Liminality in the Eighteenth-century English Ornamental Dairy' (2008), paper 1327, http://scholarsarchive.byu.edu, accessed 2 March 2016.

04 Isabella Beeton, *The Book of Household Management* (London, 1861), Entry 2358, www.gutenberg.org, accessed 28 March 2019.

05 Mary Eales, *Mrs Mary Eales's Receipts* (London, 1985), pp. 80–93. Facsimile of the 1733 edition; originally published in 1718.

06 François Massialot, *The Court and Country Cook* (London, 1702), pp. 93–7.

07 Ibid., p. 97.

08 Ardashes H. Keoleian, *The Oriental Cook Book: Wholesome, Dainty and Economical Dishes of the Orient, especially adapted to American Tastes and Methods of Preparation* (New York, 1913), p. 287. 被認明來自「來自君士坦丁堡」（Formerly of Constantinople）的作者寫到，他筆下的「東方」國度指的是亞美尼亞、保加利亞、高加索、埃及、希臘、猶太、波斯、敘利亞、土耳其等文化。

09 E. Donald Asselin, *A Portuguese-American Cookbook* (Rutland, VT, 1966), p. 31.

10 C. Anne Wilson, *Food and Drink in Britain From the Stone Age to the 19th Century* (Chicago, IL, 1991), p. 173.

11 Elizabeth Raffald, *The Experienced English Housekeeper* [1769] (Lewes, 1997), p. 159.

12 Elizabeth David, *Syllabubs and Fruit Fools* (London, 1969), p. 14.

13 Ivan Day, 'Syllabub Revisited and Sugar Plumb Theories', http:// foodhistorjottings.blogspot.co.uk, accessed 26 January 2016. Mr Day has a wealth of information about syllabubs and other historic foods on his blog and website, www. historicfood.com.

14 Hannah Glasse, *The Art of Cookery Made Plain & Easy* [1796] (Hamden, CT, 1971), pp. 327–8.

15 Charlotte Bronte, *Shirley* [1849] (London, 1993), p. 459.

16 Raffald, *The Experienced English Housekeeper*, p. 94.

17 Ibid., p. 95.

18 Holly Arnold Kinney, *Shinin' Times at The Fort* (Morrison, CO, 2010), pp. 234–5.

19 Mark Twain, *Life on the Mississippi* [1883] (New York, 2000), p. 179.

20 Doreen G. Fernandez, 'Carabao Milk in Philippine Life', in *Milk: Beyond the Dairy: Proceedings of the Oxford Symposium on Food and Cookery 1999*, ed. Harlan Walker (Totnes, 2000), p. 120.

21 Hannah Glasse, *The Art of Cookery Made Plain and Easy* [1796] (Wakefield, Yorkshire, 1971), pp. 330–35.

22 Louisa May Alcott, *Little Women* (New York, 1962), p. 62.

23 Maria Parloa, *Miss Parloa's Young Housekeeper* (Boston, MA, 1894), p. 291.

24 Terence Scully, ed., *The Viandier of Taillevent* (Ottawa, 1988), p. 166.

25 Alcott, *Little Women*, p. 62.

26 Henry William Lewer, ed., *A Book of Simples* (London, 1908), p. 128.

27 Martin, *Dairy Queens*, pp. 136–7.

28 Carol Wilson, 'Cheesecake', in *The Oxford Companion to Sugar and Sweets*, ed. Darra Goldstein (New York, 2015), pp. 125–6.

29 Terence Scully, *The Neapolitan Recipe Collection* (Ann Arbor, MI, 2000), pp. 158–9.

30 Irving Cobb, 'Speaking of Operations –', in *This is My Best* (New York, 1942), p. 844.

31 Allison Meier, 'The Frost Fair: When the River Thames Froze Over Into London's Most Debaucherous Party', www. atlasobscura.com, accessed 2 March 2016.

32 Joseph Addison, *The Tatler*, no. 148 (London, 1709), p. 124, available at http://quod.lib.umich.edu, accessed 2 March 2016.

33 Anonymous, *A Propre New Booke of Cookery* (London, 1545), unpaginated.

34 Hannah Woolley, *The Queen-like Closet or Rich Cabinet Stored with All Manner of Rare Receipts for Preserving, Candying and Cookery. Very Pleasant and Beneficial to all Ingenious Persons of the Female Sex* (London, 1672), recipe number 93.

35 Wayne Heisler, 'Kitsch and the Ballet Schlagobers', *Opera Quarterly*, xxii/1 (Winter 2006), pp. 38–64.

36 Woolley, *The Queen-like Closet*, recipe number 57.

37 John Florio, *A Worlde of Wordes, or, Most Copious, and Exact Dictionarie in English and Italian* (London, 1598), p. 216.

38 Randle Holme, *The Academy of Armory* (Chester, 1688), available at Early English Books Online, http://quod.lib.umich. edu, accessed 2 March 2016.

39 Estelle Woods Wilcox, *Buckeye Cookery: With Hints on Practical Housekeeping* (Minneapolis, MN, 1881), p. 163.

40 Oliver Wendell Holmes, *Elsie Venner: A Romance of Destiny* (Boston, MA, 1891), vol. ii, p. 110.

41 Helen Saberi and Alan Davidson, *Trifle* (Totnes, 2001), pp. 95–104.

42 Amelia Simmons, *American Cookery* (Hartford, CT, 1798), p. 33, available at http://digital.lib.msu.edu, accessed 14

March 2016.

43 Ibid., p. 105.

44 Rachel Laudan, 'Tres Leches Cake', in *The Oxford Companion to Sugar and Sweets*, pp. 740–41.

45 John Earle, *Microcosmography; Or, A Piece of the World Discovered; in Essays and Characters* (London, 1811), p. 106, available at www.gutenberg.org, accessed on 2 March 2016.

46 Alan Davidson, *The Oxford Companion to Food* (Oxford, 1999), pp. 237–8.

47 H. Syer Cuming, 'Syllabub and Syllabub-vessels', in *The Journal of the British Archeological Association*, vol. xlvii (London, 1891), pp. 212–15.

第四章 如賞玩詩詞散文般品嚐甜點

01 Isabella Beeton, *The Book of Household Management* (London, 1861), Entry #1509, www.gutenberg.org, accessed 24 April 2016.

02 John Florio, *Queen Anna's New World of Words, or Dictionarie of the Italian and English Tongues* (London, 1611), p. 513.

03 Elizabeth Raffald, *The Experienced English Housekeeper* (Manchester, 1769), p. 228.

04 M. Emy, *L'Art de bien faire les glaces d'office* (Paris, 1768), p. 210.

05 George Sala, *The Thorough Good Cook* (London, 1895), p. 73.

06 Chitrita Banerji, *Eating India: An Odyssey into the Food and Culture of the Land of Spices* (New York, 2007), pp. 138–40.

07 Pellegrino Artusi, *Science in the Kitchen and the Art of Eating Well*, trans. Murtha Baca and Stephen Sartarelli (Toronto, 2004), p. 545.

08 Andrew W. Tuer, *Old London Street Cries* (London, 1885), pp. 59–60.

09 Frederick T. Vine, *Ices: Plain and Decorated* (London, [1900?]), p. 6.

10 Ralph Selitzer, *The Dairy Industry in America* (New York, 1976), p. 99.

11 Jules Gouffé, *The Royal Book of Pastry and Confectionery* (London, 1874), pp. v–vi.

12 Ibid., p. vi.

13 Alexis Soyer, *The Gastronomic Regenerator* (London, 1847), p. 628.

14 Raffald, *The Experienced English Housekeeper*, p. 226.

15 Eliza Acton, *Modern Cookery in all Its Branches* (Philadelphia, PA, 1845), p. 373.

16 Ibid., p. 358. According to Laura Mason, writing in *The Oxford Companion to Food* (London, 1999), p. 654,「ratafia」是一種在十七及十八世紀受歡迎的香甜酒或是白蘭地基底利口酒，通常使用苦杏仁調味。它也是一種同名的餅乾或曲奇餅乾，同樣以苦杏仁調味。之所以被稱為「ratafia」，可能是因為它們與該飲品相同的調味，或者可能是因為它們會搭配該飲品端上桌。

17 Henriette Davidis, *German National Cookery for American Kitchens* (Milwaukee, WI, 1904), p. 371.

18 T. Percy Lewis and A. G. Bromley, *The Victorian Book of Cakes* [1904] (New York, 1991), p. 60.

19 Sam Sifton, 'The Melting Point', *New York Time Magazine* (New York, 2016), pp. 28–9.

20 Marion Harland, *Breakfast, Luncheon and Tea* (New York, 1875), p. 327.

21 Mrs A. B. Marshall, *Fancy Ices* (London, 1894), p. 117.

22 Soyer, *The Gastronomic Regenerator*, p. 495.

23 Theodore Francis Garrett, ed., *The Encyclopædia of Practical Cookery: A Complete Dictionary of all Pertaining to the Art of Cookery and Table Service* (London, 1898), p. 157.

24 Ursula Heinzelmann, 'Oetker', in *The Oxford Companion to Sugar and Sweets*, ed. Darra Goldstein (New York, 2015), p. 491.

25 Mrs Stephen Gilman, 'Election Cake (My Great Grandmother's', in Royal Baking Powder, Co., *My Favorite Receipt Co.* (New York, 1895), p. 95.

26 Royal Baking Powder, Co., *My Favorite Receipt*, p. 50.

27 Personal communication, 2016.

28 A. A. Milne, *When We Were Very Young* (New York, 1992), p. 48.

29 Urbain Dubois, *Artistic Cookery: A Practical System for the Use of the Nobility and Gentry and for Public Entertainments* (London, 1887), p. 162.

30 Beeton, *The Book of Household Management*, Entry #1237.

31 Peter Brears, *Jellies and their Moulds* (Totnes, 2010), pp. 121–3.

32 Michael Krondl, 'Baker's', in *The Oxford Companion to Sugar and Sweets*, p. 45.

33　Alexandra Leaf, 'Chocolate, Post-Columbian', in *The Oxford Companion to Sugar and Sweets*, pp. 144–7.

34　Maria Willett Howard, *Lowney's Cook Book* (Boston, MA, 1907), p. 265, available at https://ia601406.us.archive.org, accessed June 22, 2016.

35　Francine Kirsch, 'Over the Top: The Extravagant Confectionery of J. M. Erich Weber', *Gastronomica*, IV (2004).

36　Lewis and Bromley, *The Victorian Book of Cakes*, p. 51.

37　Frederick T. Vine, *Saleable Shop Goods for Counter-tray and Window: (Including 'Popular Penny Cakes'). A Practical Book for All in the Trade* (London, 1907), p. 7.

38　Ibid., p. 11.

39　Maria Parloa, Miss Parloa's New Cook Book and Marketing Guide (Boston, ma, 1880), p. iv.

40　Rare Book Division, The New York Public Library, 'dinner [held by] astor house [at] "[new york, ny]" (hotel)', *New York Public Library Digital Collections*, 1851–1859, http://digitalcollections.nypl.org, accessed 13 June 2016.

41　Rare Book Division, The New York Public Library, 'daily menu [held by] the granville [at] "st. lawrence-on-sea, thanet, england" (hot;)', *New York Public Library Digital Collections*, 1886, http://digitalcollections.nypl.org/items, accessed 13 June 2016.

42　Rare Book Division, The New York Public Library. 'dinner [held by] [king leopold ii of belgium and queen mariehenriette] [at] bruxelles (foreign;)', *New York Public Library Digital Collections*, 1894, http://digitalcollections.nypl. org/items, accessed 13 June 2016.

第五章 甜點開發演進史

01　Gillian Riley, *The Oxford Companion to Italian Food* (New York, 2001), pp. 358–9.

02　William Woys Weaver, 'Gugelhupf ', in *The Oxford Companion to Sugar and Sweets*, ed. Darra Goldstein (New York, 2015), pp. 311–12.

03　Michael Krondl, 'Baba au rhum', in *The Oxford Companion to Sugar and Sweets*, p. 41.

04　Michael Krondl, *Sweet Invention: A History of Dessert* (Chicago, IL, 2011), p. 188.

05　Marcel Proust, *Remembrance of Things Past*, trans. C. K. Scott Moncrieff and Terence Kilmartin, (New York, 1981), p. 50.

06　Nicola Humble, Cake: *A Global History* (London, 2010), pp. 42–3.

07　Trine Hahnemann, 'Scandinavia', in *The Oxford Companion to Sugar and Sweets*, pp. 597–9.

08　Joyce Toomre, *Classic Russian Cooking: Elena Molokhovets' A Gift to Young Housewives* (Bloomington, IN, 1992), pp. 406–7.

09　Ursula Heinzelmann, 'Black Forest Cake', in *The Oxford Companion to Sugar and Sweets*, p. 65.

10　Anne Willan, 'France', in *The Oxford Companion to Sugar and Sweets*, pp. 268–74.

11　Greg Patent, 'Chiffon Cake', in *The Oxford Companion to Sugar and Sweets*, p. 131.

12　Barbara Wheaton, 'The Endangered Cuisinière Bourgeoise', in *Disappearing Foods*, ed. Harlan Walker, Oxford Symposium on Food and Cookery 1994 Proceedings (Blackawton, Devon, 1995), pp. 221–6.

13　這是一道濃郁又濕潤的蛋糕。我加入了半小匙的杏仁精，來提升風味，並在杏仁上灑上少許砂糖。我在一個 20 公分（8 吋）的蛋糕焗盤中，以攝氏 175 度（華氏 350 度）溫度烘焙一小時又十五分鐘。

14　Krondl, *Sweet Invention*, pp. 286–94.

15　Celestine Eustis, *Cooking in Old Creole Days* (New York, 1903), p. 82.

16　Carolyn Bánfalvi, *The Oxford Companion to Sugar and Sweets*, pp. 223–4.

17　Greg Patent, 'Angel Food Cake', in *The Oxford Companion to Sugar and Sweets*, p. 14.

18　Personal communication, 2013.

19　Eric Rath, 'Japanese Baked Goods', in *The Oxford Companion to Sugar and Sweets*, pp. 374–5.

20　Nina Simonds, 'Mooncake', in *The Oxford Companion to Sugar and Sweets*, pp. 461–2.

21　William Grimes, 'Baked Alaska', in *The Oxford Companion to Sugar and Sweets*, pp. 44–5.

22　Alan Davidson, *The Oxford Companion to Food* (Oxford, 1999), p. 440.

23　Joseph Wechsberg, *The Cooking of Vienna's Empire* (New York, 1968), p. 197.

24　Michael Krondl, *Sweet Invention*, p. 252.

25　Alexis Soyer, *The Gastronomic Regenerator: A Simplified and Entirely New System of Cookery* (London, 1847), p. 478.

26　Ibid., p. 550.

27　Ibid., p. 558.

28　Robert May, *The Accomplist Cook or The Art and Mystery of Cookery* (London, 1685), p. 238.

29 Amelia Simmons, *The First American Cookbook* [1796] (New York, 1958), p. 34.

30 Geraldene Holt, 'Icing', in *The Oxford Companion to Sugar and Sweets*, pp. 353–4.

31 Agnes Marshall, *Mrs A. B. Marshall's Cookery Book* (London, 1888), p. 41.

32 Theodore Francis Garrett, *The Encyclopaedia of practical cookery: a complete dictionary of all pertaining to the art of cookery and table service: including original modern receipts for all kinds of dishes for general, occasional, and exceptional use, the making of every description of table confectionery, the home manufacture of wines, liqueurs, and table waters, the laying, decorating, and preparing of banquets, wedding breakfasts, luncheons, teas, celebration and ball suppers, picnics, gardenparty refreshments, race and boating baskets, &c.: the care and good management of the cellar, butler's pantry, larder, ice rooms and chests, &c.* (London, 1898), pp. 136–48.

33 Anastasia Edwards, 'Biscuits, British', in *The Oxford Companion to Sugar and Sweets*, pp. 63–4.

34 Stuart and Jenny Payne, *Nicey and Wifey's Nice Cup of Tea and a Sit Down* (Bath, 2004), p. 67.

35 University of Oxford Text Archive, https://ota.ox.ac.uk, accessed 15 June 2016.

36 Hannah Glasse, *The Art of Cookery Made Plain and Easy* [1796] (Hamden, CT, 1971), pp. 200–260.

37 A Practical Housekeeper and Pupil of Mrs Goodfellow, *Cookery As It Should Be* (Philadelphia, PA, 1856), p. 220.

38 Mrs D. A. Lincoln, *Mrs Lincoln's Boston Cook Book: What To Do and What Not To Do in Cooking* (Boston, MA, 1891), p. 391.

39 Marion Harland, *Breakfast, Luncheon and Tea* (New York, 1875), pp. 205–6.

40 *The New York Times* (3 May 1902), p. 8, http://timesmachine. nytimes.com, accessed 21 June 2016.

41 Darra Goldstein, 'Implements of Eating', in *Feeding Desire: Design and The Tools of the Table, 1500–2005*, ed. Darra Goldstein (New York, 2006), p. 139.

42 William C. Conant, 'The Silver Age', *Scribner's Monthly, An Illustrated Magazine for The People*, ix/2 (December 1874), pp. 193–209, available at http://ebooks.library.cornell.edu, accessed 16 May 2016.

43 Goldstein, 'Implements of Eating', p. 148.

44 Ibid., p. 143.

45 Conant, 'The Silver Age', p. 208.

46 Ibid.

第六章 以變化為常態的的甜點精神

01 Darra Goldstein, 'Implements of Eating', in *Feeding Desire: Design and The Tools of the Table, 1500–2005* (New York, 2006), p. 155.

02 Margery Wilson, *Pocket Book of Etiquette* (New York, 1937), cited in Arthur M. Schlesinger, *Learning How to Behave: A Historical Study of American Etiquette Books* (New York, 1946), p. 62.

03 Schlesinger, *Learning How to Behave*, p. 50.

04 A member of the royal staff, *The Private Life of King Edward vii* (Prince of Wales, 1841–1901) (New York, 1901), pp. 257–8, available at https://books.google.com, accessed 5 July 2016.

05 Lady Jekyll, dbe, *Kitchen Essays* (London, 1969), p. 135.

06 Emily Post, Etiquette: 'The Blue Book of Social Usage' (New York, 1937), pp. 242–3.

07 Ibid., p. 779.

08 Ibid., pp. 817–23.

09 Ibid., p. 261.

10 Emily Post, *Etiquette in Society, in Business, in Politics and at Home* (New York, 1922), pp. 207–8.

11 Irma S. Rombauer and Marion Rombauer Backer, *Joy of Cooking* (New York, 1975), pp. 760–61.

12 Alice Bradley, *Electric Refrigerator Menus and Recipes* (Cleveland, OH, 1927), p. 40.

13 Elizabeth David, *Syllabubs and Fruit Fools* (London, 1971), p. 11.

14 Alice B. Toklas, *The Alice B. Toklas Cook Book* (New York, 1984), pp. 203–6.

15 Ibid., p. 218.

16 Ibid., p. 3.

17 M.F.K. Fisher, 'How to Cook a Wolf', in *The Art of Eating* (New York, 1990), p. 203.

18 Wendell Sherwood Arbuckle, *Ice Cream* (Westport, CT, 1966), pp. 6–7.

19 Carolyn Wyman, *jell-o: A Biography* (New York, 2001), pp. 44–5.

20 Laura Shapiro, *Something from the Oven: Reinventing Dinner in 1950s America* (New York, 2004), p. 64.

21 See Your Life 'Confidential Chat', http://archive.boston.com, accessed 6 August 2016.
22 *Better Homes and Gardens Dessert Cook Book* (New York, 1960), p. 144.
23 Ibid., p. 118.
24 Ibid., p. 125.
25 See Immaculate Baking Company website for their mixes, www.immaculatebaking.com, accessed 20 August 2016.
26 Miss Jones Baking Co, www.missjones.co/recipes, accessed 16 August 2016.
27 Simone Beck, Louisette Bertholle and Julia Child, *Mastering the Art of French Cooking* (New York, 1963), pp. vii–viii.
28 Ibid., p. x.
29 Joseph Wechsberg, 'Profiles: La Nature des Choses', New Yorker (28 July 1975), p. 34.
30 Anne Willan, 'After Nouvelle: The Changing Look in France', *Monthly Magazine of Food and Wine* (January 1982), p. 16.
31 Raymond Sokolov, 'A Tasteful Revolution', *Natural History* (July 1983), p. 83.
32 *Anthony Bourdain: No Reservations*, Season 4, Episode 17, 'Spain' (18 August 2008).
33 'Carrot, Orange and Mango Spheres with Rose Crystals', www. molecularrecipes.com, accessed 16 August 2016.
34 Mary B. Davis, '"Invisible" Frozen Sweet Goods Sales on Rise in French Catering Sector', *Quick Frozen Foods International* (April 2001).
35 'Boncolac sas', *European Food Journal*, www.european-food-journal.com, accessed 14 August 2016.
36 Dianne's Fine Desserts, http://diannesfinedesserts.com, accessed 14 August 2016.
37 The Dessert Company, http://thedessertcompany.co.uk, accessed 14 August 2016.
38 Roy Strong, *Feast: A History of Grand Eating* (New York, 2002), p. 197.
39 York Avenue, 'U. P.: An Eight Course Dessert Tasting with Dominique Ansel', http://yorkavenueblog.com, accessed 16 August 2016.
40 'William Curley Master Class: Fôret Noire', www.youtube.com, accessed 13 August 2016.
41 Carlos Barrachina, ed., 'Savoir-faire and Something Else', *So Good . . . The Magazine of Haute Pâtisserie* (July 2016), pp. 150–59.
42 Personal communication via email, 2016.

參考書目

Alcott, Louisa May, *Little Women* (New York, 1962)
Anonymous, *A Closet for Ladies and Gentlewomen; or, The Art of Preserving, Conserving, and Candying* (London, 1611)
Anonymous, *The Compleat Cook: Expertly prescribing the most ready ways, whether Italian, Spanish, or French, For dressing of Flesh, and Fish, ordering of Sauces or making of Pastry* (London, 1659)
Anonymous, *Good Huswifes Handmaide, for the Kitchin* (London, 1594)
Anonymous, *The Whole Duty of a Woman; or, an Infallible Guide to the Fair Sex* (London, 1737)
Arbuckle, Wendell Sherwood, *Ice Cream* (Westport, CT, 1966)
Arndt, Alice, ed., *Culinary Biographies* (Houston, TX, 2006)
Artusi, Pellegrino, *Science in the Kitchen and the Art of Eating Well*, trans. Murtha Baca and Stephen Sartarelli (Toronto, 2004)
Atkinson, Kate, *Life After Life* (New York, 2013)
Banerji, Chitrita, *Eating India: An Odyssey into the Food and Culture of the Land of Spices* (New York, 2007)
Beck, Simone, Louisette Bertholle and Julia Child, *Mastering the Art of French Cooking* (New York, 1963)
Beeton, Isabella, *The Book of Household Management* (London, 1861)
Better Homes and Gardens Dessert Cook Book (New York, 1960)
Bradley, Alice, *Electric Refrigerator Menus and Recipes* (Cleveland, OH, 1927)
Brears, Peter, *Food and Cooking in 17th Century Britain: History and Recipes* (Birmingham, 1985)
—, *Jellies and their Moulds* (Blackawton, Devon, 2010)
Briffault, Eugene, *Paris à table* (Paris, 1846)
Brontë, Charlotte, *Shirley* (London, 1993)
Brown, Peter, and Ivan Day, *Pleasures of the Table: Ritual and Display in the European Dining Room, 1600–1900* (York, 1997)
Bunyard, Edward A., *The Anatomy of Dessert: With a Few Notes on Wine* (New York, 2006)

Carter, Charles, *The Compleat City and Country Cook: or Accomplish'd Housewife* (London, 1732)

Chambers, Ephraim, *Cyclopaedia: Or an Universal Dictionary of Arts and Sciences* (London, 1741)

Clarkson, Janet, *Pie: A Global History* (London, 2009)

Cobb, Irving, *This is My Best* (New York, 1942)

Coffin, Sarah D., ed., *Feeding Desire: Design and The Tools of the Table, 1500–2005* (New York, 2006)

Colquhoun, Kate, *Taste: The Story of Britain Through Its Cooking* (New York, 2007)

Crossley-Holland, Nicole, *Living and Dining in Medieval Paris* (Cardiff, 1996)

Cuming, H. Syer, 'Syllabub and Syllabub-vessels', in *Journal of the British Archeological Association*, XLVII (London, 1891)

Davidis, Henriette, *German National Cookery for American Kitchens* (Milwaukee, WI, 1904)

Davidson, Alan, *The Oxford Companion to Food* (Oxford, 1999)

Davidson, Alan and Jane, trans., *Dumas on Food: Recipes and Anecdotes from the Classic Grand Dictionnaire de Cuisine* (Oxford, 1987)

Dawson, Thomas, *The Good Huswifes Jewell* (London, 1587)

Dickens, Charles, *Pictures from Italy* (Boston, MA, 1868)

Digby, Sir Kenelme, *The Closet of the Eminently Learned Sir Kenelme Digby Kt. Opened* (London, 1671)

Dubois, Urbain, *Artistic Cookery: A Practical System for the Use of the Nobility and Gentry and for Public Entertainments* (London, 1887)

Eales, Mary, *Mrs Mary Eales's Receipts* (London, 1985)

Earle, John, *Microcosmography; Or, A Piece of the World Discovered; in Essays and Characters* (London, 1811)

Emy, M., *L'Art de bien faire les glaces d'office* (Paris, 1768)

Eustis, Celestine, *Cooking in Old Creole Days* (New York, 1903)

Field, Elizabeth, *Marmalade: Sweet and Savory Spreads for a Sophisticated Taste* (Philadelphia, PA, 2012)

Fisher, M.F.K., *The Art of Eating* (New York, 1990)

Flandrin, Jean-Louis, *Arranging the Meal: A History of Table Service in France* (Berkeley, CA, 2007)

Florio, John, *A Worlde of Wordes; or, Most Copious, and Exact Dictionarie in English and Italian* (London, 1598)—, *Queen Anna's New World of Words; or, Dictionarie of the Italian and English Tongues* (London, 1611)

Garrett, Theodore Francis, ed., *The Encyclopædia of Practical Cookery: A Complete Dictionary of all Pertaining to the Art of Cookery and Table Service* (London, 1898)

Glasse, Hannah, *The Art of Cookery Made Plain and Easy* (Hamden, CT, 1971)

Goethe, Johann Wolfgang von, *Italian Journey*, trans. Robert R. Heitner (New York, 1989)

Goldstein, Darra, *Fire and Ice* (New York, 2015)—, ed., *The Oxford Companion to Sugar and Sweets* (New York, 2015)

Gouffé, Jules, *The Royal Book of Pastry and Confectionery* (London, 1874)

Hall, T., *The Queen's Royal Cookery* (London, 1713)

Harland, Marion, *Breakfast, Luncheon and Tea* (New York, 1875)

Heinzelmann, Ursula, *Beyond Bratwurst: A History of Food in Germany* (London, 2014)

Hess, Karen, *Martha Washington's Booke of Cookery* (New York, 1981)

Heywood, Thomas, *The Fair Maid of the West* (London, 1631)

Hieatt, Constance B. and Sharon Butler, eds, *Curye on Inglysch: English Culinary Manuscripts of the Fourteenth Century (Including The Forme of Cury)* (London, 1985)

Holme, Randle, *The Academy of Armory* (Chester, England, 1688) at Early English Books Online, http://quod.lib.umich.edu

Holmes, Oliver Wendell, *Elsie Venner: A Romance of Destiny* (Boston, MA, 1891)

Howard, Maria Willett, *Lowney's Cook Book* (Boston, MA, 1907)

Humble, Nicola, *Cake: A Global History* (London, 2010)

Işin, Mary, *Sherbet and Spice: The Complete Story of Turkish Sweets and Desserts* (London, 2013)

Jekyll, Lady Agnes, *Kitchen Essays* (London, 1969)

Johnston, Mireille, *The Cuisine of the Sun* (New York, 1979)

Kelly, Ian, *Cooking for Kings: The Life of the First Celebrity Chef* (New York, 2003)

Keoleian, Ardashes H., *The Oriental Cook Book: Wholesome, Dainty and Economical Dishes of the Orient, especially adapted to American Tastes and Methods of Preparation* (New York, 1913)

Kinney, Holly Arnold, *Shinin' Times at the Fort* (Morrison, CO, 2010)

Krondl, Michael, *Sweet Invention: A History of Dessert* (Chicago, IL, 2011)

Latini, Antoni, *Lo scalco alla moderna* (Milan, 1993)

Laudan, Rachel, *Cuisine and Empire: Cooking in World History* (Berkeley, CA, 2013)

Levene, Alysa, *Cake: A Slice of History* (New York, 2016)

Lewis, T. Percy, and A. G. Bromley, *The Victorian Book of Cakes* (New York, 1991)

Lincoln, Mrs D. A., *Mrs Lincoln's Boston Cook Book: What To Do and What Not To Do in Cooking* (Boston, MA, 1891)

Markham, Gervase, *The English Housewife* (London, 1631)

Marshall, Agnes, *Mrs A. B. Marshall's Cookery Book* (London, 1888)

Martin, Meredith, *Dairy Queens: The Politics of Pastoral Architecture from Catherine de Medici to Marie-Antoinette* (Cambridge, MA, 2011)

Massialot, François, *The Court and Country Cook* (London, 1702)

May, Robert, *The Accomplist Cook; or, the Art and Mystery of Cookery* (London, 1685)

A Member of the Royal Household, *The Private Life of King Edward vii* (Prince of Wales, 1841–1901) (New York, 1901)

Montanari, Massimo, *Cheese, Pears, and History in a Proverb* (New York, 2008)

Moss, Sarah, and Alexander Badenoch, Chocolate: *A Global History* (London, 2009)

Nasrallah, Nawal, *Delights from the Garden of Eden: A Cookbook and a History of the Iraqi Cuisine* (Bloomington, IN, 2004)

Parloa, Maria, *Miss Parloa's New Cook Book and Marketing Guide* (Boston, MA, 1880)—, Miss Parloa's Young Housekeeper (Boston, MA, 1894)

Payne, Stuart and Jenny, *Nicey and Wifey's Nice Cup of Tea and a Sit Down* (Bath, 2004)

Post, Emily, *Etiquette: 'The Blue Book of Social Usage'* (New York, 1937)—, Etiquette in Society, in Business, in Politics, and at Home (New York, 1922)

Power, Eileen, *The Goodman of Paris* (New York, 1928)

Proust, Marcel, *Remembrance of Things Past*, trans. C. K. Scott Moncrieff and Terence Kilmartin (New York, 1981)

Rabisha, William, *The Whole Body of Cookery Dissected, Taught, and fully manifested Methodically, Artificially, and according to the best Tradition of the English, French, Italian, Dutch, &c.* (London, 1673)

Raffald, Elizabeth, *The Experienced English Housekeeper* (Lewes, 1997)

Ramsay, Mrs W. M., *Every-day Life in Turkey* (London, 1897)

Reed, Marcia, ed., *The Edible Monument: The Art of Food for Festivals* (Los Angeles, CA, 2015)

Richardson, Tim, *Sweets: A History of Candy* (New York and London, 2002)

Riley, Gillian, *The Oxford Companion to Italian Food* (New York, 2001)

Robertson, Helen, Sarah MacLeod and Frances Preston, *What Do We Eat Now: A Guide to Wartime Housekeeping* (New York, 1942)

Roca, Jordi, *The Desserts of Jordi Roca* (New York, 2015)

Rombauer, Irma S., and Marion Rombauer Backer, *Joy of Cooking* (New York, 1975)

Routhier, Nicole, *Foods of Vietnam* (New York, 1989)

Royal Baking Powder Co., *My Favorite Receipt* (New York, 1895)

Saberi, Helen, and Alan Davidson, *Trifle* (Blackawton, Devon, 2001)

Sala, George, *The Thorough Good Cook* (London, 1895)

Schlesinger, Arthur M., *Learning How to Behave: A Historical Study of American Etiquette Books* (New York, 1946)

Scott, Sir Walter, *The Journal of Sir Walter Scott* (New York, 1891)

Scully, Terence, ed. and trans., *Chiquart's 'On Cookery': A Fifteenth-century Savoyard Culinary Treatise* (New York, 1986)—, The Neapolitan Recipe Collection (Ann Arbor, MI, 2000)—, The Viandier of Taillevent (Ottawa, 1988)

Selitzer, Ralph, *The Dairy Industry in America* (New York, 1976)

Shapiro, Laura, *Something from the Oven: Reinventing Dinner in 1950s America* (New York, 2004)

Simmons, Amelia, American Cookery (Hartford, CT, 1798)—, *The First American Cookbook* (New York, 1958)

Solomon, Charmaine, *The Complete Asian Cookbook* (South Yarra, Australia, 1982)

Soyer, Alexis, *The Gastronomic Regenerator: A Simplified and Entirely New System of Cookery, With Nearly Two Thousand Practical Receipts Suited to the Income of All Classes* (London, 1847)—, The Modern Housewife or Ménagère (London, 1851)

Spencer, Colin, British Food: An Extraordinary Thousand Years of History (London, 2001)

Stefani, Bartolomeo, *L'arte di ben cucinare, et instruire* (Mantua, 1662)

Strong, Roy, *Feast: A History of Grand Eating* (New York, 2002)

Toklas, Alice B., *The Alice B. Toklas Cook Book* (New York, 1984)

Toomre, Joyce, *Classic Russian Cooking: Elena Molokhovets' A Gift to Young Housewives* (Bloomington, IN, 1992)

Tuer, Andrew W., *Old London Street Cries* (London, 1885)

Twain, Mark, *Life on the Mississippi* (New York, 2000)

Vehling, Joseph Dommers, *Apicius: Cookery and Dining in Imperial Rome* (New York, 1977)

Vine, Frederick T., *Ices: Plain and Decorated* (London, [1900?])—, *Saleable Shop Goods for Counter-tray and Window: (Including 'Popular Penny Cakes'). A Practical Book for All in the Trade* (London, 1907)

Walker, Harlan, ed., *Disappearing Foods: Proceedings of the 1994 Oxford Symposium on Food and Cookery* (Blackawton, Devon, 1995)—, *Milk: Beyond the Dairy: Proceedings of the 1999 Oxford Symposium on Food and Cookery* (Devon, 2000)

Wechsberg, Joseph, *The Cooking of Vienna's Empire* (New York, 1968)

Wheaton, Barbara Ketcham, *Savouring the Past: The French Kitchen and Table from 1300 to 1789* (London, 1983)

Wilcox, Estelle Woods, *Buckeye Cookery: With Hints on Practical Housekeeping* (Minneapolis, MN, 1881)

Willan, Ann, with Mark Cherniavsky and Kyri Claflin, *The Cookbook Library* (Berkeley, CA, 2012)

Wilson, C. Anne, ed., *Banquetting Stuffe: The Fare and Social Background of the Tudor and Stuart Banquet* (Edinburgh, 1991)

Woloson, Wendy, *Refined Tastes: Sugar, Confectionery, and Consumers in Nineteenth-century America* (Baltimore, MD, 2002)

Woolley, Hannah, *The Queene-like Closet or Rich Cabinet: Stored with All Manner of Rare Receipts for Preserving, Candying and Cookery. Very Pleasant and Beneficial to all Ingenious Persons of the Female Sex* (London, 1684)

Wyman, Carolyn, *jell-o: A Biography* (New York, 2001)

Young, Arthur, *Travels during the Years 1787, 1788, and 1789, Undertaken more particularly with a View of ascertaining the Cultivation, Wealth, Resources, and National Prosperity of the Kingdom of France* (Dublin, 1793)

Young, Carolin C., *Apples of Gold in Settings of Silver: Stories of Dinner as a Work of Art* (New York, 2002)

Younger, William, *Gods, Men, and Wine* (Cleveland, OH, 1966)

Periodicals

Addison, Joseph, *The Tatler*, 148 (1709)

Barrachina, Carlos, ed., *'Savoir-faire and Something Else', So Good . . . The Magazine of Haute Pàtisserie* (July 2016)

Conant, William C., 'The Silver Age', *Scribner's Monthly, An Illustrated Magazine for The People*, ix/2 (December 1874)

Davis, Mary B., '"Invisible" Frozen Sweet Goods Sales on Rise in French Catering Sector', *Quick Frozen Foods International* (April 2001)

Eigeland, Tor, 'Arabs, Almonds, Sugar and Toledo"', *Saudi Aramco World* (May/June 1996)

Kirsch, Francine, 'Over the Top: The Extravagant Confectionery of J. M. Erich Weber', in *Gastronomica: The Journal of Food and Culture* (2004)

Sifton, Sam, 'The Melting Point', *New York Times Magazine* (2016)

Sokolov, Raymond, 'A Tasteful Revolution', *Natural History* (July 1983)

Wechsberg, Joseph, 'Profiles: La Nature des Choses', *The New Yorker* (28 July 1975)

Willan, Anne, 'After Nouvelle: The Changing Look in France', *Monthly Magazine of Food and Wine* (January 1982)

Whitaker, Ashlee, 'Dairy Culture: Industry, Nature and Liminality in the Eighteenth-century English Ornamental Dairy', *All Theses and Dissertations*, Paper 1327 (2008), available at http://scholarsarchive.byu.edu.

Pamphlets

Auto Vacuum Frozen Dainties (New York, c. 1910)

David, Elizabeth, *Syllabubs and Fruit Fools* (London, 1971)

參考網頁

Boston.com 'Your Life'
http://archive.boston.com

The Dessert Company
http://thedessertcompany.co.uk

Dianne's Fine Desserts
http://diannesfinedesserts.com

European Food Journal
www.european-food-journal.com

Feeding America
http://digital.lib.msu.edu/projects/cookbooks/index.cfm

Immaculate, Honestly Delicious
www.immaculatebaking.com

Ivan Day, 'Syllabub Revisited and Sugar Plumb Theories'
http://foodhistorjottings.blogspot.co.uk

Miss Jones Baking Co.
www.missjones.co/recipes

Molecularrecipes.com
www.molecularrecipes.com

The National Trust
www.nationaltrust.org.uk

New York Times archive
https://timesmachine.nytimes.com/browser

Rare Book Division, The New York Public Library
http://digitalcollections.nypl.org

University of Oxford Text Archive
http://ota.ox.ac.uk

'William Curley Master Class – Fôret Noire – You Tube'
www.youtube.com

York Avenue, U. P.: An Eight Course Dessert Tasting with Dominique Ansel
http://yorkavenueblog.com

影像出處

作者和出版方僅向下方圖片資源來源與再製許可獻上感謝。

Evan Amos: p. 38; Author's Collection: pp. 126, 185; Ra Boe: p. 46; Boston Public Library – Digital Commonwealth: pp. 13, 133, 136, 137, 145, 146, 153, 193, 204, 211; © The Trustees of the British Museum, London: pp. 22, 51, 53, 73, 82, 102, 106, 125, 129; Johan Bryggare: p. 161 (top); Popo Le Chien: p. 163; courtesy of William Curley, Patissier-Chocolatier: pp. 6, 31, 218, 228; courtesy of Peggy De Muth: p. 81 (right); photograph by Tor Eigeland for Saudi Aramco World/sawdia: pp. 60–61, 62; Getty Images: pp. 43 (dea/A. Dagli Orti), 84 (sspl), 207 (Popperfoto); Getty Research Institute: pp. 48, 57, 68, 69, 72, 75; Ginnerobot: p. 214; Thomas Högner Maximilian Högner: p. 147; iStockphoto: p. 220 (VvoeVale); courtesy of Judy Kales: pp. 81 (left), 221; JW: p. 161 (foot); Katorisi: p. 167; Holly Arnold Kinney: p. 94; Library of Congress, Washington, dc: pp. 28, 127, 139, 192, 206, 230; Lotus Head: p. 203; M: p. 148; Metropolitan Museum of Art, New York: p. 158; courtesy Miss Jones Baking Co.: pp. 212, 215 (Larisas Erin Greer); Katrin Morenz: p. 165; John Morgan: p. 209; Ewan Munro: p. 104; Museum of Fine Arts, Boston: p. 64; New York Public Library: p. 156; © Omni Parker House Parkives: p. 174; Ox010C: p. 162; rex Shutterstock: pp. 111 (Woman's Weekly), 142 (Kharbine-Tapabor), 179 (Food and Drink); Sandstein: p. 237; Shutterstock: pp. 25 (Marcin Jucha), 80 (Esin Deniz), 91 (skoraq), 96 (agCreations), 116 (Everett), 117 (sarsmis), 168 (AnjelikaGr), 171 (Anita Huszti), 172 (Kaimirov Vladimir), 176 (Margaret Tong), 177 (juefraphoto), 191 (marouillat photo), 200 (Hans Geel), 223 (Kondor83); Silar: p. 184; SKopp: p. 98; Smithsonian Libraries, Washington, dc: p. 77; Spode Museum Trust: p. 115; Tourismus Salzburg: p. 170; © Victoria and Albert Museum, London: pp. 14, 24, 33, 40, 45, 89, 124, 130, 131, 144 (left and right), 160, 187, 197; Wellcome Images: p. 120; Wmienhart: p. 217.

致 謝

人們是如此熱愛製作、享用並談論甜點。在跟朋友和熟人們說起這本書時，我發現了他們多麼享受回憶童年最愛、描述他們喜愛的甜點，甚至是那些他們難以忍受的甜點（尤其是水果蛋糕和蜂蜜蛋糕），並樂於分享新發現。我感謝他們分享的所有建議、故事和與我一起品嚐甜點的熱心。

我特別想要感謝肯・阿爾巴拉（Ken Albala）、瑪丹娜・貝瑞（Madonna Berry）、凱璃・克拉弗林（Kyri Claflin）和麥可・柯朗斗（Michael Krondle），仔細地閱讀了我的手稿。他們不止鼓勵我——我永遠歡迎人們的鼓勵——但也雞蛋裡挑骨頭，敦促我追溯查找資料，若不是他們，這本書便無法更上一層樓。我也深深感激安德魯・F・史密斯（Andrew F. Smith），是他建議我以甜點作為主題，並在這幾年來持續支持著我。

許多人欣然地提供了甜點軼聞和食譜，有些被收錄在本書當中。在此特別感謝艾蜜莉・貝克（Emily Beck）、梅倫・巴克－路（Maylun Buck-Lew）、羅茲・康明斯（Roz Cummins）、烏蘇拉・海恩澤曼（Ursula Heinzelmann）、荷莉・柯爾達（Holly Korda）、賴瑞・紐豪斯（Larry Newhouse）、寶拉・羅森史塔（Paula Rosenstock）、齋藤義雄（Yoshio Saito）、阿爾貝娜・史科多娃（Albena Shkodrova）、阿格妮・瑟納（Agni Thurner）和福琳妲・瓦馬（Vrinda Varma）所分享的美味。

一些僅與我在雲端相遇的網友們，慷慨地提供了美麗的圖片。我要感謝威廉・科里（William Curley）、佩姬・德・慕斯（Peggy De Muth）、理查・道堤（Richard Doughty）、蘿莉・蓋特利（Lori Gately）、莎拉・瓊斯（Sarah Jones）、茱迪・凱歐斯（Judy Kales）、荷莉・阿諾・基尼（Holly Arnold Kinney）、蘇珊・麥克里蘭・普雷斯提（Susan McLellan Plaisted）和保羅・伍德（Paul Wood）。

一如既往地，十分感謝我那些充滿耐心，且提供建設性評論的寫作小組成員們——慕爾娜·凱伊（Myrna Kaye）、羅貝塔·雷維頓（Roberta Leviton）、芭芭拉·曼德（Barbara Mende）、雪莉·莫斯科（Shirley Moskow）和蘿絲·耶蘇（Rose Yesu）。僅在此向他們致謝，日後理當以冰淇淋招待。

一路以來，從過去、現在到未來（我希望啦），支持著我的許多人們，我還欠大家一聲謝謝。這些人包括了蓋瑞·艾倫（Gary Allen）、瑪里琳·阿爾提耶利（Marylène Altieri）、潔琪和巴維茲·阿米爾霍（Jackie and Parviz Amirhor）、琪崔塔·班奈爾吉（Chitrita Banerji）、瑪莉蓮·布雷斯（Marilyn Brass）、席拉·布雷斯（Sheila Brass）、瑪莉安·布朗（Marianne Brown）、喬·卡林（Joe Carlin）、安妮塔·丹利（Anita Denley）、珍·狄克森（Jane Dixon）、安·福克納（Anne Faulkner）、凱絲琳·費茲傑羅（Kathleen Fitzgerald）、凱絲琳·弗林（Kathleen Flynn）、達菈·戈斯汀（Darra Goldstein）、芝·海伊斯（Dawn Hayes）、琴和吉姆·赫普利奇（Jeane and Jim Hupprich）、莎拉·赫奇恩（Sarah Hutcheon）、珍妮特·卡茲（Janet Katz）、麥克里歐家族——丹（Dan）、道格（Doug）、蘿拉（Lola）、史考特（Scott）、瑞秋（Rachel）、雪儂（Shannon）和狄倫（Dylan）——黛博·麥克唐諾（Deb McDonald）、艾倫·梅瑟（Ellen Messer）、多莉絲·米倫（Doris Millan）、莎博菈·莫頓（Sabra Morton）、吉兒·諾曼（Jill Norman）、蘇珊·羅西－威爾考克斯（Susan Rossi-Wilcox）、琳·史威卡（Lynn Schweikart）、麥斯·辛斯海墨（Max Sinsheimer）、基斯·史塔夫利（Keith Stavely）、南茜·史多茲曼（Nancy Stutzman）、貝絲·蘇爾多（Beth Surdut）、伊莉莎白·唐森（Elisabeth Townsend）、莫莉·透納（Molly Turner）、布魯斯·威廉斯（Bruce Williams）、維妮·威廉斯（Winnie Williams）、珍和約翰·威爾森（Jane and John Wilson）、強尼·沃夫森（Johnnie Wolfson）和波士頓烹飪歷史學會（Culinary Historians of Boston）的成員們。

應該為這些人們再端上一份他們各自最愛的甜點。

索引

糕點甜食

烘焙食材

人名、著作與商號

烘焙器材與技術

飲食風格